Gewidmet meinem Mann, der stets auf der Suche nach einer leichten, kleinen Badewannenlektüre ist.

„Möge diese Lektüre dir zweierlei Leichtigkeit geben: Beim Überwasserhalten auf der Suche nach Glück und beim ´Über-Wasser-halten´ in der Wanne..."

Patricia Stähler-Plano

# Die kleine Gloria …
# auf der Suche nach GLÜCK

www.windsor-verlag.com

© 2012 Patricia Stähler-Plano
Alle Rechte vorbehalten. All rights reserved.

Umschlaggestaltung: Julia Evseeva
Titelfoto: © waldru - Fotolia.com

Verlag: Windsor Verlag
ISBN: 978-1-938699-05-4

Das Werk, einschließlich seiner Teile, ist urheberrechtlich geschützt. Jede Verwertung ist ohne Zustimmung des Verlages und des Autors unzulässig. Dies gilt insbesondere für die elektronische oder sonstige Vervielfältigung, Übersetzung, Verbreitung und öffentliche Zugänglichmachung.

# Inhaltsverzeichnis

Vorwort .................................................................. 7

**Teil 1:**

1. Gloria ................................................................11
2. Was ist eigentlich Glück ..................................... 12
3. Gloria macht Interviews mit den 10 „Glücksexperten" ..............................................16
4. Das Angebot ..................................................... 69
5. Die Sehnsucht ....................................................77
6. Die Entscheidung ..............................................88

**Teil 2:**

7. Das Glückstraining beginnt ............................... 97
8. Ziele … (was und wie will ich sein) ................106
9. Konzentration … (alles raus aus dem Kopf) . 111
10. Kraft … (wie Opa) ......................................... 120
11. Ausdauer … (wie ein Pferd) ......................... 137
12. Rückschläge … (wie schlechte Noten) ........147
13. Geduld … (wie Oma) ....................................158

14. Erfolge … (wie gute Noten) .......................... 167

15. Üben, üben, üben … (wie Schule) ............... 173

16. Glückstage ..................................................... 178

17. Nachwort ....................................................... 183

18. Literatur und Informationen (von Oma) .... 188

# Vorwort

Gloria ist eine fiktive Person, die in allen von uns ein wenig lebt, genauso wie ihre Oma und Opa.

Anhand der kleinen Gloria erhält der Leser die Möglichkeit, sich in verschiedene Persönlichkeiten mit unterschiedlichen Bedenken und Ideen hineinzuversetzen – besonders in Gloria, denn sie nimmt oft kein Blatt vor dem Mund und sieht alles noch so wie ein Kind ... weise und einfach zugleich.

Das vorliegende Buch ist kein reines Sachbuch, sondern eher eine Kombination von „leichter Badewanne Lektüre", Sach- und Spaßbuch.

Es darf ruhig laut beim Lesen gelacht werden, dies ist sogar erwünscht, denn mit Lust sich einem Thema zu widmen ist oft schon der erste Erfolg.

Wer heilt hat Recht und Lachen ist oft die beste Medizin ...

Der Hintergrund der lustigen Schreibweise und Gedankensprünge mit Gloria ist einfach der Versuch, Sie, liebe Leserin und lieber Leser, in eine

Art Alphazustand (= Entspannungszustand) zu versetzen, damit die angeregten Impulse besser wirken können.

Was ich mir dabei wünsche?

Sie, als Leser, mit dieser kleinen Lektüre ein wenig anzuregen...

Die Impulse zu setzen sich wieder auf diesen GLÜCKS-Weg zu begeben, falls er verloren oder verschüttet wurde.

Mit diesem Buch möchte ich Sie auch ´kitzeln´, die Notwendigkeit zu sehen, sich regelmäßig von Ihrer eigenen Gloria abholen zu lassen:

Die Welt mit anderen Augen und veränderten Sichtweisen zu betrachten ist wichtig für jeden von uns. Ganz egal in welchem Alter Sie sich gerade befinden. Wir sind heutzutage fast alle zu kopflastig geworden.

Wer wünscht sich nicht mal ab und an wieder etwas Verrücktes zu tun ... **aber**, und dann geht's im Kopf wieder los mit dem Gedankenkarussell und der Vernunft.

Zwei leichte, und heute noch umsetzbare, Verrücktheiten hat mir Gloria gerade zugeflüstert.

Die liefere ich Ihnen gerne jetzt hier direkt und „frei Haus" :

1. Essen Sie auf der Kühlerhaube Ihres Autos eine Pizza (im Notfall mit Regenschirm)…

2. Laufen Sie morgen ganz früh (barfuß) durch nasses Gras und atmen Sie dabei tief ein.

In beiden Fällen denken Sie doch einmal voller Dankbarkeit an die Dinge, die Sie schon erreicht haben, erleben oder gerade tun – für den Anfang reichen durchaus ´5 Stücke Glück´, hier auf dieser Welt zu sein.

Dieses tolle Gefühl wirklich ERLEBEN zu können gibt Kraft für den Tag.

Es kostet Sie fast nichts (an Geld), nur ein wenig Überwindung und Mut gehören dazu …

Oder wie Gloria hier sagen würde:

„Lass' deine Vernunfts-Lämmer (übersetzt von glorianisch: Dilemma) einfach los und spiel´ mit mir. Und wenn du nicht mehr weißt wie das geht, frag´ mich einfach – ich zeig's dir wieder …"

*Zum Abschluss noch ein kleiner Tipp:*

Lesen Sie die Geschichte doch wie eine schöne heiße Schokolade:

In kleinen Schlucken, genießend und wärmend im ganzen Bauch ...

Und vielleicht wirklich abends in der Badewanne oder im Bett.

## 1. Gloria

Ich bin Gloria und nicht mehr ganz klein aber auch noch nicht so richtig groß. Geboren wurde ich in einem Haus mit vielen anderen Menschen.

Ich habe eine Familie mit allem was dazu gehört, einen dicken Kopf, der oft zu viel denkt und eine große Neugierde. Mich interessiert fast alles was am Tag passiert.

Warum manche Menschen fröhlich sind und andere so traurig oder böse. Weshalb einige auf dem Mond leben und andere in so kleinen Hundehütten. Wieso bei uns das Wasser aus einem Wasserhahn kommt und andere überhaupt kein Wasser haben. Warum ich immer wieder zum Zahnarzt gehen muss und andere noch nie einen gesehen haben.

Und noch ganz viel mehr ...

Das Spannendste allerdings ist für mich zurzeit „Glück".

Ständig sagt jemand, ich hätte aber Glück gehabt. Oder: Mit etwas Glück schaffst du das schon ...

## 2. Was ist eigentlich Glück?

Alle sind auf der Suche danach. Wenn ich dann meine Fragen stelle, kann mir keiner eine genaue Antwort geben. Deshalb beschließe ich nach dem Glück zu suchen. Es scheint ja wirklich etwas ganz besonderes zu sein, so ähnlich wie Schokolade oder ein Geburtstagskuchen. Ich freue mich jedes Jahr ganz doll auf meinen Geburtstag und wenn er dann vorbei ist bin ich ganz traurig. Es war nur ein ganz ganz kurzer Tag und gleich darauf fängt das Warten schon wieder auf den nächsten Geburtstag an. Meine Oma nennt das

eine SEHNSUCHT ...

Ist das Glück denn auch so eine Sehnsucht? Vielleicht gibt es ja irgendjemand hier der mir das mal gut beantworten kann. So gut, dass ich und viele andere verstehen was Glück ist. Denn, ganz unter uns, ich glaube nicht, dass die Erwachsenen wirklich mehr wissen. Die tun vielleicht nur so, damit sie überhaupt eine Antwort haben.

Aber ich gehe der Glückssache jetzt auf den Grund und ich habe auch schon eine Idee, wie ich das anstelle. Im Fernsehen gibt es oft solche Menschen, die in ein schwarzes Eis 'reinsprechen,

Papa sagt dann immer wir sollen alle leise sein bei dem Interview. Das mache ich auch

- GLÜCKSINTERVIEW ...

Ein bisschen was habe ich ja schon selbst herausgefunden. Dies will ich teilen mit Dir:

*- Glück kann man nirgendwo kaufen.*

Ich habe es versucht und mein ganzes Sparschwein genommen. Damit bin ich zur Julia, der netten Frau im Lädchen, wo es so bunte Bonbons und Gummitiere gibt gegangen. Zuerst hat sie mir lauter Gummitiere geben wollen, erst nachdem ich sagte ich wolle „Glück" kaufen wurde sie etwas traurig und sagte: „Glück kann man nicht kaufen". Schade, denn mein Opa seufzte gestern Abend und wünschte sich Glück für seinen Arztbesuch. Da ich ihn besonders lieb habe, wollte ich das Glück für ihn kaufen.

*- Glück kann man nicht festhalten.*

Meine Mama lächelte am Sonntag als wir alle zum Mittagessen pünktlich am Tisch saßen und das Essen toll schmeckte. Das haben wir dann auch gesagt und da fingen die Augen meiner Mutter an zu strahlen und sie sagte lächelnd: „Im Moment bin ich sehr glücklich".

Zwei Stunden später hatte meine Schwester beim Ballspielen eine Vase zerdeppert. Daraufhin wurde meine Mutter ganz böse und schimpfte. Ich fragte sie sofort: „Ich denke du bist glücklich?" Sie allerdings antwortete: „Das war vorhin beim Mittagessen, jetzt ist es halt anders. Merke dir das für die Zukunft. Glück kann man nicht festhalten."

*- Glück vermehrt sich, wenn man es weitergibt.*

Das habe ich noch nicht wirklich begriffen. Wie kann sich etwas vermehren wenn ich teile? Angenommen ich habe von meiner Tante Gummibärchen beim Besuchen bekommen. Jetzt soll ich die mit meiner Schwester teilen – aber dann habe ich doch nur noch die Hälfte (selbst wenn ich sie ein wenig beschummle sind es immer noch weniger als vorher).

Oder wenn ich mit meiner Freundin nachmittags mein Trinken teile beim Spielen. Da darf jeder immer nur einen Schluck nehmen und dann kommt der andere – das ist doch auch weniger als wenn ich alles alleine getrunken hätte. Falls das irgendwer mit dem geteilten Glück versteht kann er mir das bitte beibringen?

*- Glück kann man nicht beschreiben.*

Das ist auch nicht so ganz einfach zu verstehen für mich. Wenn ich zum Beispiel ein Legoteilchen suche und ganz traurig bin, weil ich es nicht finden kann, fragt meine Mutter wie es denn aussieht und ich soll es doch einmal beschreiben – sonst könne sie es nicht mit mir suchen.

Na toll, und wie soll ich denn Glück finden, mit so vielen anderen Menschen - wenn keiner ´Glück´ beschreiben kann?

Da ist es wieder – keiner gibt mir eine Antwort.

Jetzt habe ich gerade eine Idee bekommen. Mein Vater sagt immer: „Für alles und jeden gibt es den Experten". Ich frage einfach die Experten nach dem Glück. Sicherlich haben die Antworten für meine Glücksfragen. Schließlich sind das ja die Experten …

## 3. Gloria macht Interviews mit den zehn „Glücksexperten"

**Mama**
**(Expertin für Kuchen, Haushalt und Krankheit)**

Mama nimmt sich Zeit für mich. Für sie bin ich eine ganz Große und meine Fragen sind nie doof. Sie lacht mich nicht aus, hört mir zu und gibt mir oft zum Schluss noch einen Kuss.

„Was ist eigentlich Glück, Mama?" frage ich beim Aufstehen morgens, als mich Mama weckt. Sie ist überrascht und sieht mich an: „Was hast Du denn für Fragen schon so früh am Morgen" erwidert sie. „Ich möchte eine Expertin fragen was Glück ist und du bist eine". Da lacht sie mich liebevoll an und sagt verschmitzt: *„Glück ist, dass ich dich bekommen habe. Glück ist für mich jeden Tag dich und deine Schwester beim Wachsen zu beobachten.* Glück ist abends euch beide im Bett liegen zu sehen und zu wissen dieser Tag ist ohne Unfälle und Schrecken gewesen. Glück bedeutet auch für mich eine heile Familie zu besitzen und mit ihr zu leben – jeden Tag ein bisschen mehr".

Na, das geht doch gut. Ich bin so froh endlich eine erste Antwort zu bekommen auf die große

Glücksfrage, dass ich den Tag schon besonders neugierig beginne. Das fängt ja gut an. Jetzt habe ich schon drei Beispiele was Glück alles ist ...

**Papa**
**(Experte für Autowaschen, Durcheinander machen und Fernsehgucken)**

Beim Papa ist das mit dem Fragen nicht so ganz einfach. Erstens sehe ich ihn meistens erst abends kurz vorm Ins-Bett-gehen und zweitens ist er dann einfach nur müde und will seine Ruhe haben.

Ich versuche es trotzdem ...

Als er auf dem Sofa sitzt, die Füße ausstreckt und so zufrieden aussieht, kuschle ich mich an seine Seite und frage ganz leise in sein Ohr:

„Was ist eigentlich Glück, Papa?" Mit geschlossenen Augen antwortet er: *„Glück ist jetzt Zuhause zu sein und die Füße hochzulegen. Glück ist auch, dass ich heute keinen Unfall auf der Autobahn hatte und mein Chef mit meiner Arbeit zufrieden ist.* Reicht dir die Antwort ...?"

Zögernd erwidere ich: „Das weiß ich noch nicht". So ein bisschen enttäuscht bin ich jetzt schon – aber ich weiß gerade nicht warum. Für heute reicht es mir, ich werde morgen weiterforschen auf der Suche nach dem Glück. Immerhin gibt es ja noch mehr Experten in meinem Umfeld. So schnell gebe ich mich nicht zufrieden.

Am nächsten Morgen saust mein Vater auf dem Weg zur Arbeit noch einmal kurz ins Zimmer und sagt: „Mir ist noch etwas eingefallen zu deiner gestrigen Frage. *Natürlich bin ich auch glücklich, dass ich euch alle hier bei mir habe und ihr gesund seid.* Eigentlich schade, dass es mir nicht gleich gestern Abend eingefallen ist – dabei ist es so wichtig für mich."

Aha, jetzt hat **er** mal über etwas von **mir** nachgedacht, sonst gibt Papa uns immer Aufgaben zum `Drüberschlafen´ auf. Gleich am Frühstückstisch kommt meine nächste Expertin dran, meine Schwester.

### Meine Schwester
**(Expertin im Streiten und Haare ziehen)**

„Was ist eigentlich Glück für dich", frage ich sie munter, denn ich bin ausgeschlafen und neugierig auf den heutigen Tag und mein Glücksinterview.

Zunächst starrt sie mich mit großen Augen an und antwortet lachend:

„Glück ist auf jeden Fall nicht, dich als Schwester zu haben, denn das nervt so ätzend".

Na toll, jetzt habe ich ihr gleich schon am Morgen die Möglichkeit gegeben mich zu ärgern. Aber diesmal kommt sie mir so nicht davon. Ich bin schließlich das Glück am Studieren und ich will **Antworten**!

„Ich meine es aber ganz ernst, was ist wirklich Glück für dich", frage ich zum zweiten Mal.

Diesmal lacht sie nicht und schaut mich nur groß an: „Okay, ich versuche es meiner kleinen, nervigen Schwester zu erklären: *Glück ist für mich zu wissen, dass ich bald mit der Schule fertig bin und endlich arbeiten kann und Geld verdiene.* Dass ich dann machen kann was ich will und wann ich will. Mit Freunden weggehen kann, ohne auf die Uhr zu schauen, in Urlaub fahren - ohne eine Familie im Schlepptau, am Wochenende ausschlafen und bis spät tanzen gehen kann, ausgeflippte Kleidung kaufen und diese auch anziehen darf! Und noch ganz viele verrückte Dinge machen kann, die ich jetzt nicht aufzähle, weil es so früh ist. Das ist für mich Glück."

Wow, jetzt eben hatte sie ganz glänzende Augen und rote Wangen gehabt.

Ist dies vielleicht wirklich das ganz große Glück? So habe ich sie noch nie gesehen. Vielleicht ist sie ja die 'Superexpertin für Glück'. Ganz selig nicke ich ihr zu und freue mich über diese tolle Antwort.

**Oma**
**(Expertin für Strümpfe stopfen und**
**Pudding kochen)**

Von meiner Oma hoffe ich die besten Antworten zu bekommen. Normalerweise erklärt sie mir immer alles haarklein und ganz genau – bis ich aber auch wirklich alles verstanden habe. Mit diesem guten Gefühl gehe ich gleich nach der Schule und meinen gemachten Hausaufgaben hin.

Zum Glück wohnen Opa und Oma nur drei Straßen weiter, so dass ich mittags stets hin- und herpendeln kann ohne Mama zu fragen.

Habe ich etwa gerade zum Glück gesagt? Jetzt fange ich auch schon damit an, dabei bin ich doch noch gar kein Experte. Ich fang doch erst an und will noch ganz viel lernen. Und wann ist man denn überhaupt ein Experte, wie viel Schule braucht es dafür oder sollte man das studieren?

Fragen über Fragen – es ist schon alles ganz schön verkompliziert auf dieser Welt.

Aber ... ich habe schon etwas gelernt: eins nach dem anderen, sagt Oma auch immer zu mir wenn ich ganz kribbelig bin: „Alles geht viel besser wenn du erst überlegst was du tun willst und dann eins nach dem anderen machst." Und dann macht sie meistens noch eine schöne, leckere Schokolade damit das 'Einsnachdemanderen' besser schmeckt.

Ich klingele viermal kurz, - unser beider Zeichen, dass ich sie besuchen will. Warum wir dieses Klingelzeichen haben? Weil meine Oma sich nicht gerne beim Pudding kochen oder Plätzchen backen stören lässt – außer natürlich von mir!

Da fällt mir gerade ein, dass sie einmal zu meiner Mama sagte: „Zum Glück brauche ich jetzt nicht mehr jedem mein Ohr zu leihen und zuhören. Das ist jetzt vorbei, ich bin jetzt in Rente".

Also wenn das kein gutes Zeichen ist. Sie hat ja schon etwas von Glück letzte Woche zu meiner Mama gesagt – als ob sie wusste, dass ich mich dafür so brennend interessiere. Es geht los – jetzt ist Oma dran ...

„Was ist eigentlich Glück, Oma" frage ich sie gleich beim Eintreten in die Küche. Am liebsten ist es mir, wenn sie gar keine Zeit hat sich vorher schon was zu überlegen. Denn Oma ist schlau, die sagt dann immer so lange verdrehte Sätze, dass ich nichts mehr verstehe und lieber zu Opa in den Garten gehe. Oma weiß halt, wie sie mit den Menschen reden sollte.

Bevor sie Strumpf- und Puddingexpertin letztes Jahr wurde, hat sie Leuten zugehört. Ich glaube, dass nennt sich Psychologin.

Oma hört sich meine Frage in Ruhe an und denkt ein wenig nach. Dann nach einer langen Ewigkeit antwortet sie: „Zunächst einmal gebe ich dir eine spontane persönliche Antwort. *Mein Glück ist mein Leben. Stets genau das schön zu finden was ich gerade erlebe, macht mich glücklich. Dies allerdings ist immer im Fluss und stets anders*. Zum Beispiel weißt du ja, dass ich bis letztes Jahr jeden Morgen außer Haus gegangen bin und auch bis abends gearbeitet habe. Das hat mir sehr gut gefallen. Menschen zu helfen ist eine tolle Sache. Jetzt ist dies vorbei und es fehlt mir nicht. *Ich bin nun anders glücklich und zufrieden. Und genieße jeden Tag den ich so lebe*. Hoffentlich werde ich dies noch lange haben – wenn nicht, hoffe ich die Stärke zu haben auch das

Kommende anzunehmen und damit glücklich zu sein."

„Nun zu deiner eigentlichen Frage nach dem Glück" fährt sie fort: „Glück ist sehr, sehr unterschiedlich. Wenn du verschiedene Menschen danach fragst wirst du auch verschiedene Antworten bekommen. Meistens wissen die Menschen selbst nicht genau wonach sie suchen – sie suchen einfach mal so drauf los und beschweren sich am Ende ihres Lebens, dass sie das Glück nicht wirklich gefunden haben. Dies nenne ich jetzt mal die große Sehnsucht nach etwas Perfektem.

*Das große Glück wie es immer so schön heißt gibt es vielleicht gar nicht wirklich.* Vielmehr können es wie bei einer deiner Bügelperlenketten aneinander gereihte viele, kleine unterschiedliche Glückseinheiten, so bunt und vielfältig wie möglich, sein …

Die Wahrheit ist und das sage ich dir ganz ehrlich: ich weiß es nicht. Nur vage kann ich mir vorstellen was Glück für die Menschen bedeutet. Es fällt mir ja schon schwer genug Glück und Zufriedenheit für mich genauer zu erklären und dabei geht es noch um mein eigenes Leben und um mein Glück.

Rückblickend auf meine über 60 Jahre Lebenserfahrung kann ich dir im HIER UND JETZT darauf antworten:

*Glück bedeutet für mich das Leben so zu leben wie es sich mir anbietet. Stets das Beste daraus zu machen. Dieses Leben mit allen Höhen und Tiefen anzunehmen. Dazu noch gesund zu bleiben, was auch immer das wieder für jeden Einzelnen heißen mag. Ich benenne dies einmal ganz allgemein: einer inneren Sehnsucht zu folgen, die mich leitet. Ich vertraue da meiner Intuition, dass ich rückblickend am Ende meines Lebens sagen kann:* **ich habe diese Zeit so gut wie möglich verbracht, nicht alles perfekt gemacht und doch auf meine Art schön."**

Meine Oma, die ist schon eine. Jetzt bin ich wieder ganz wirr im Kopf von diesen vielen Worten. Also gehe ich erst einmal raus zu Opa in den Garten - wie immer. Ich brauche Luft für meinen Kopf, denn der ist fast am Platzen.

So viele Wörter tanzen sich da gerade schwindlig, ich bin schon ganz karussselliert.

Beim Gehen ruft mir Oma noch hinterher: „Ja, geh' du nur erst einmal raus in den Garten und spiel' ein wenig Wühlmaus in der Erde.

Das tut nach so vielen Worten gut. Denn es ist wichtig sich mit seinen Ideen zu verwurzeln.

Später trinken wir dann noch eine Schokolade zusammen. Und im Übrigen:

Ich finde es schön, dass du dir schon solche Gedanken machst – du bist ja ein richtige kleine Philosophin". Die Oma muss ich erst einmal verdauen.

Für heute reicht es mir mit dem Fragen. Meine Neugierde ist gerade nicht so dolle. Jetzt gehe ich wirklich erst einmal in den Garten zu Opa, aber nicht um ihn auch nach dem Glück zu fragen. Ich will ein wenig mit der Erde spielen und mit Oskar, dem Kater …

Der versteht mich auch ohne viele Worte und buddelt und gräbt mit mir in der Erde. Ob das nun Verwurzeln ist oder Spielen. Es ist einfach schön, so draußen unter dem freien Himmel zu sein. Die Sonne ist schön warm, der Wind streichelt mich an den nackten Armen und es riecht so lecker nach den ersten Erdbeeren.

Dort hinten fangen sich Schmetterlinge und ein kleiner vorlauter Vogel schaut mich schief von seinem Ast aus an. Ganz vorsichtig beäugt er mich und Oskar beim Buddeln. „Pass auf kleiner

Piepmatz – Oskars Krallen sind nun mal scharf", rufe ich ihm zu.

Und so ganz langsam wird auch mein Kopf wieder klar. Ich habe so einen Trick für mich entdeckt, wenn zu viel da oben drinnen ist. Allerdings weiß ich nicht ob das nun das Verwurzeln ist was Oma so meint.

Der Trick: Ich schaue mir etwas Schönes direkt vor mir an und versuche es zu beriechen. Dann streichle ich es und achte darauf wie sich das anhört und anfühlt. Manchmal lecke ich auch noch vorsichtig dran – wenn's halt lecker aussieht …

Und nach einer Weile freue ich mich dass es wieder einmal mit dem Kopf geklappt hat. Er ist doch nicht geplatzt.

So jetzt gehe ich meine Schokolade abholen, die ich ganz dolle verdient habe und dann ab nach Hause – damit Mama glücklich bleibt, denn ich bin wieder gesund angekommen … und bald liege ich wieder im Bett. Da freut sie sich, wenn sie mich abends drin liegen sieht.

Morgen geht's weiter …

Ach, ich habe da noch so eine Idee: Leg' du doch einfach auch dieses Buch für heute zur Seite und überlege dir einmal, wen Du alles so nach dem Glück fragen willst.

Sicherlich warten spannende Antworten auf dich. Bisher hat mich auch noch keiner ausgelacht (außer meine Schwester, die macht das aber immer bei mir). Dafür gibt es eine Menge Spaß bei diesem Abenteuer und ich glaube bisher haben sich alle gefreut, dass ich sie so etwas frage. Und auch noch zuhöre bei den Antworten, das finden die Erwachsenen immer so gut.

Unter uns gesagt: vielleicht ist das für einige Menschen ja auch Glück, wenn denen jemand wirklich einmal zuhört …

## Laura, meine Freundin
**(Expertin für Schabernack und Abschreiben im Bus)**

„Was ist eigentlich Glück", frage ich am nächsten Morgen auf dem Schulweg meine beste Freundin Laura. „Glück ist jetzt gerade, dass du die Mathe Hausaufgaben fertig hast und mich abschreiben lässt, oder?" antwortet Laura wie aus der Pistole geschossen.

„Okay, erst lass´ ich dich abschreiben und dann will ich noch mehr von deinem Glück hören", erwidere ich.

Habe ich schon gesagt, dass Laura meine Expertin für Schabernack ist und in allen schaukelnden Lebenslagen sauber abschreiben kann? Das ganze sieht dann immer so aus, als wenn sie stundenlang zuhause mittags an ihren eigenen Hausaufgaben gesessen hätte. Die hat echt Glück mit ihrer Schrift, ups, jetzt habe ich es selbst gedacht – toll der Glücksvirus hat mich erwischt.

„Also", sagt Laura, *„Glück ist für mich auf jeden Fall, dass du meine Freundin bist und mich Mathe abschreiben lässt.* Dann habe ich Glück gehabt, dass mich Herr Schubert nicht beim Blumen klauen erwischt hat. Die brauchte ich nämlich ganz dringend für meine Mutter, die mich verhauen wollte, weil ich unseren Hund angemalt habe. Das war also doppeltes Glück für mich.

Glück ist auch, dass unser Auto gestern kaputt gegangen ist, denn sonst hätte ich am Wochenende zu meiner Tante fahren müssen, die ich nicht mag. Die kneift mir immer in die Backen und sagt so komisches Zeug wie: „Ohhhh bist du aber grooß geworden."

Und Glück haben wir beide, wenn wir wieder einen Streich spielen und dabei nicht erwischt werden, oder?"

Ich muss erst einmal fürchterlich lachen, das mit dem Hund habe ich noch nicht gewusst – ja, es ist ein großes Glück mit Laura zusammen die Welt auf den Kopf zu stellen. Wir finden immer was, was uns glücklich macht:

Schabernack treiben, Eis essen, bei den Omas Kuchenteig naschen, zusammen Wolkenschäfchen zählen, bei Regen in die Pfützen springen, im Dunkeln auf den Friedhof gehen und uns gruseln, unsere Süßigkeiten teilen, wenn einer von uns traurig ist, gemeinsam die eklige Wurst von den Schulbroten verschwinden lassen, bei den Klassenfahrten das Bett teilen, und noch ganz viel mehr …

Ach ja, ganz wichtiges Glück:

Bei schlechten Schulnoten mit dem anderen nach Hause gehen, zum Mittagessen (dann wird der erste Schimpf nicht so schlimm), und noch viel mehr Glück…

„Oh ja", stimme ich ihr zu, „die Ideen unserer Streiche gehen nie aus – das ist auf jeden Fall Glück. Wenn ich so nachdenke ist alles schön wenn wir es nur zusammen machen. Dann fühle ich mich stärker, mutiger und sogar größer.

Ich habe dann das Gefühl, keiner kann mich ärgern. Und das ist ein tolles Gefühl".

„Ja", Laura wird auf einmal ganz ernst, „du hast recht, wenn ich mir das so genau überlege, dann ist es am schönsten wenn wir beide etwas zusammen machen, da kommen mir auch immer noch die besten Ideen und ich denke nicht nach wie viel Schimpf ich wieder kriegen kann, sondern einfach nur an den Spaß, den wir dabei haben werden."

Da kommt mir plötzlich eine gute Idee: „Wenn euer Auto wieder ganz ist komme ich einfach mit zu deiner Tante – dann stellen wir dort zusammen was an".

„Au ja" sagt Laura begeistert, „ich frage schon einmal ob wir dürfen". Mit dieser Antwort gebe ich mich zufrieden. Ich bin ein großes Stück weitergekommen. Dazu habe ich jetzt noch ein schönes warmes Gefühl im Bauch. *Meine Freundin ist einfach GLÜCK für mich.*

Das ist alles so spannend, dass ich jetzt noch neugieriger geworden bin auf das Glück. Auf zum nächsten Glücksexperten …

## Herr Thiel
**(Experte für Grammatik und Rechnen)**

In der Schule angekommen gehen wir gleich in unsere Klasse, denn es ist durch unser Gespräch schon reichlich spät geworden. In der ersten Stunde haben wir gleich Mathe (und glücklicherweise Laura ihre Hausaufgaben). Herr Thiel ist ein ganz netter Lehrer, nur ein wenig wacklig manchmal auf den Beinen und schrullig. An diesem Morgen allerdings steht eine junge Lehrerin vor uns, um uns mitzuteilen, dass Herr Thiel leider krank sei und sie dafür den Unterricht übernehme.

Kannst du dir dieses Wirrwarr in meinem Kopf vorstellen? Erst denke ich so ein Pech, jetzt kann ich ihn nicht fragen was Glück bedeutet. Dabei will ich doch meine Glücksinterviews nächste Woche fertig haben. Dann denkt mein Kopf: Glück gehabt, dann fallen heute Mathe und Grammatik, die ich nicht mag, aus. Danach denke ich, vielleicht kann ich ja diese Lehrerin einfach mal fragen was Glück ist. Aber nein, kommt dann dies in meinen Kopf, die kennt mich ja nicht – da wird sie mir auch keine Antwort geben.

Wie ich da so mit dem Gedankenkarussell traurig vor mich hinstarre, geht die Lehrerin vorbei und fragt was denn los sei? Da nehme ich mir ein Herz und antwortete: „Ich muss Herrn Thiel was ganz, ganz Wichtiges fragen und jetzt ist er nicht da."

Frau Jung, die Lehrerin, lächelt und meint: „Herr Thiel hat mir extra für euch alle mitgegeben, dass er sich über jeden Besuch freut, denn er liegt mit angebrochenem Bein im Bett und ihm ist langweilig. UND, du kannst auch gerne mich fragen wenn es eine so dringende Frage ist."

Kannst du dir vorstellen wie ich da strahle? Glück – Pech – Glück alles innerhalb von 10 Minuten durch den Kopf gejagt. Und am Ende habe ich noch eine Glücksexpertin dazu gewonnen.

*Wow, das Leben ist schön ...*

Damit die Lehrerin keinen Rückzieher macht frage ich sie auch gleich. Versprochen ist versprochen! „Was ist eigentlich Glück, Frau Jung" stelle ich mit erhobener Hand (so macht man das in der Schule) sofort meine Frage.

Etwas überrascht von dieser Art Frage antwortet sie erst einmal zögernd:

„Glück ist etwas ganz Individuelles. Was für einen Menschen Glück ist, kann für den Anderen Pech sein. Oder anders gesagt: *Glück ist nicht gleich Glück. Glück kann ein Lottogewinn sein, Glück kann ein Baby sein, Glück kann ein neues Auto sein. Es kommt sehr stark darauf an was sich jemand wünscht, welche Sehnsucht er hat, welche Bedürfnisse, welche Ziele, …*"

Uff, jetzt wird es kompliziert … so viele neue komplizierte Worte:

Individuell, Bedürfnisse, Ziele, und das zusammen mit Sehnsüchten. Mann, wie soll ich denn da weiterkommen. Jetzt habe ich heute Morgen mit Laura endlich gedacht es ist ganz einfach und dann kommt das. Hätte ich bloß nicht gefragt – jetzt habe ich den Salat.

Mein Kopf fängt wieder an zu karussellieren und es ist erst morgens, da kann ich nicht einfach in den Garten zu Opa. Was mach´ ich bloß?

Glücklicherweise hat Frau Jung uns eine Geschichte vorgelesen und uns dann etwas malen lassen. Die klingt zwar ganz schön kompliziert wenn ich ihr eine Frage stelle, aber sonst ist sie lieb und lässt uns in Ruhe.

Vielleicht gehe ich heute Mittag noch zu Herrn Thiel und frage ihn nach dem Glück. Hoffentlich kann Laura mitgehen. Mit etwas Glück finden wir Blumen dort auf dem Weg in einem Garten, dann hat sie sicherlich ein Stein im Brett bei Herrn Thiel für die nächste Mathearbeit!

Laura findet die Idee so gut, dass wir uns gleich nach dem Mittagessen verabreden – Hausaufgaben haben wir nicht aufbekommen, zum Glück!

Vor Herrn Thiels Haus treffen wir uns, Laura mit Blumen in der Hand und ich habe Kuchen von meiner Oma dabei. Als Herr Thiel uns öffnet sagt er gleich: „Na, da habe ich aber Glück, dass ich gleich 2 junge Damen zu Besuch kriege".

Also **er** hat angefangen, dass das hier mal gleich klar ist. „Was ist eigentlich Glück für Sie, Herr Thiel", frage ich sofort hinterher (bevor er sich es anders überlegt mit seinem Glück).

Herr Thiel lacht herzlich und antwortet: „Zunächst einmal habe ich Glück, die nächste Stunde hier nicht alleine zu verbringen, sondern in eurer Gesellschaft. Dann habe ich Glück gehabt, dass dies ein glatter Bruch im Bein ist und heutzutage solche Verletzungen nur noch geschient werden. Damit kann ich auch einmal kurz auf Toilette gehen und muss nicht nur im Bett liegen. Weiterhin habe ich so nette, hilfsbereite Menschen im Krankenhaus kennengelernt – auch das ist Glück.

Dann finde ich meinen Beruf einen ausgesprochenen Glücksfall. *Menschen etwas beibringen zu dürfen, das finde ich ist Glück zumal ich mit euch Ferien habe. Da gibt es zwar auch immer noch das ein oder andere für die Schule zu tun, aber ich kann mir meine Zeit frei einteilen und das nenne ich persönlich großes Glück. Die Freiheit über meine Zeit ist ein hoher Wert für mich persönlich. Wenn ich es so recht überlege kann ich sagen, es ist sehr individuell und hängt stark von den eigenen Bedürfnissen und Werten ab.* Reicht Euch das?"

Laura reichte es schon nach dem ersten Satz, ich nicke nur zögerlich und flüstere ein: „Danke, das reicht mir".

### Lieber Gott, warum ist Glück so kompliziert?

Wenn ich die letzten beiden Glücksinterviews zusammenfasse kommt das gerade für heraus:

1. Glück ist etwas Individuelles mit komischen Worten wie Bedürfnissen, Zielen und Werten.

2. Das gleiche Glück kann für einen anderen auch Pech sein.

3. Je mehr ich vom Glück höre, desto größer und komplizierter wird es.

Nach einer Stunde mit schönen Geschichten, Kuchen und Limonade gehen wir wieder. Laura hat die Idee auf dem Heimweg, die Glücksinterviews einfach zu vergessen. Die würden mich nur so blass aussehen lassen wie jetzt. Nein, das kann ich nicht. Wenn ich mir etwas in den Kopf setze, dann soll es auch funktionieren. Zurzeit weiß ich auch noch nicht, was ich mit all den Glücksindividuellen, Bedürfnissen, Zielen, Werten anfange – aber aufgeben, ich doch nicht…. Ich brauch' bestimmt nur ein Päuschen und dieses Verwurzeln, wie Oma sagt.

Morgen geht's weiter, jetzt stromern wir beide, Laura und ich, erst einmal durch die Gegend mal sehen was so geht. Immerhin ist das hier Schwerstarbeit. Ich gönne mir jetzt eine Pause.

Machst du mit?

Wir können uns zusammen ins Gras legen und Wolkenschäfchen zählen oder in Regenpfützen springen, wenn es bei dir auch geregnet hat. Oder wir verwurzeln! Oma sagt, dass geht auch indem ich einfach einen Baum für 10 Minuten umarme und dabei mit geschlossenen Augen tief ein- und ausatme. Und Bäume gibt's überall… Komm' bitte mach doch mit …

## Julia
**(Expertin für Gummitiere und andere Naschereien)**

Eigentlich wollte ich ja erst morgen wieder weitermachen, doch dann kommt die Laura auf die Idee ihr Sparschwein zu köpfen (also nicht wirklich), sie hat da so einen Trick wie sie ein langes Brotmesser oben in den Schlitz ihrer Spardose reinsteckt und dann die Spardose schüttelt und schräg hält.

Es purzeln 2x 50 Cent „einfach so" raus . Damit gehen wir zu der Julia einkaufen. Jeder bekommt eine Schnuppeltüte mit Gummitieren und Lakritze. Was eine Schnuppeltüte ist? Na eine dreieckige Tüte, wo Julia die ganzen Gummitiere und Lakritze rein tut. Dabei ist mir so eine Idee gekommen Julia doch noch heute nach GLÜCK zu fragen.

Ich gebe ja zu, ein bisschen Angst ist dabei, denn nach den letzten beiden Interviews habe ich gleich keine Neugier mehr gehabt … Ich mach's dann aber trotzdem – auch mit Angst. Laura ist ja dabei, was soll schon passieren.

„Julia, weißt du mit Glück Bescheid?" fange ich erst einmal vorsichtig an. „Was meinst du damit, Gloria?", erwidert sie und nebenbei zählt sie unsere Süßigkeiten ab. Vielleicht haben wir ja jetzt GLÜCK, sie verzählt sich und legt mehr in die Tüten …

Also ich mache jetzt auf jeden Fall weiter mit meiner Fragerei: „Na ja, stell' dir vor, ich mache ein Interview für die Schule und frage dich: Was ist eigentlich GLÜCK?" Da schaut mich Julia direkt an und überlegt laut: „Glück bedeutet sehr, sehr viel für mich zurzeit. Ich erzähle dir kurz meine Geschichte dazu:

Mein Vater ist krank und braucht eine neue Niere, ohne diese neue Niere wird er bald sterben.

Täglich fahren wir ihn zum Krankenhaus um sein Blut zu waschen. *Das größte Glück wäre eine Nierenspende für ihn. Ich wünsche es ihm von Herzen. Eine neue Niere wäre für ihn mehr wert als ein Lottogewinn.*"

„Wieso? Mit Geld kann er sich doch bestimmt so eine Niere kaufen?" frage ich interessiert zurück. „Vielleicht. Nur diese gekaufte Niere wäre nicht wirklich für ihn bestimmt, denn er ist auf einer Warteliste auf der noch mehrere Menschen stehen, die eine neue Niere benötigen. UND ... dieses neue Organ muss vom Körper anerkannt werden, sonst stößt der Körper es wieder ab. Ein passendes Organ zu finden ist so ungefähr wie ein Lottogewinn zu erhalten ..."

Huch, ich glaube ich habe etwas angestellt, denn Julia hat Tränen in den Augen. Es ist für mich wieder kompliziert und doch ganz anders kompliziert. Ich verstehe, dass man Nieren oder Organe nicht einfach im Internet bestellen kann. Und wenn, dann leidet ein anderer darunter, der vorher auf der Liste steht. Das ist so ähnlich wie Vordrängeln nur noch viel, viel schlimmer.

Also mit einem Lottogewinn ist dabei echt nichts zu machen. „Und", erklärt Julia weiter, „wenn mein Vater Glück hat – dann erlebt vorher ein anderer Mensch Pech, denn Organe werden von Unfallopfern oder gerade gestorbenen Menschen gespendet. Also ich freue mich für meinen Vater und andererseits ist es natürlich traurig wenn jemand dafür ein Unfall erleidet."

Oweh, jetzt wird es aber ganz schön gruselig. Für manches Glück muss erst jemand sterben. Also so richtig Pech haben! Der kann dann jedenfalls kein Glück mehr haben. Dafür hat dann Julias Vater noch einmal Glück gehabt, wenn er denn Glück hat und die Niere bei ihm bleiben will. Wenn nicht hat er erst Pech, weil er eine braucht, dann Glück wenn er die Niere bekommt und dann wird es spannend ob dieses Glück bleiben will. Und deshalb weiß Julia nicht, ob sie sich mit ihrem Vater freuen wird oder auch traurig sein soll, da ja jemand gestorben ist.

Mann, vielleicht kennt sie den dann auch noch? oh Gott, jetzt will ich aber wirklich aufhören zu denken, mein Kopf wird schon wieder so furchtbar eng wie gestern bei Oma. Dabei verstehe ich Julia besser als Oma, also nicht was sie gesagt hat, sondern dass sie traurig ist bzw. glücklich oder besser traurig und glücklich zusammen.

Ich denke ich kann heute mal großzügig ein Gummitier aus meiner Schnuppeltüte abgeben, der Julia natürlich. Bei so viel Denken schmecken die eh nicht so ganz gut.

„Hast du das alles verstanden?" fragend schaut mich Laura an. „Nicht wirklich", erwidere ich, „aber ich verstehe dass Julia traurig ist und glücklich, gleichzeitig!"

Bis jetzt wusste ich nicht dass so etwas überhaupt geht. Ein bisschen nachdenklich sind wir beide noch – bis wir diesen tollen Bach entdecken mit den vielen jungen Fröschen. Erst einmal ein kleines Floß aus Stöcken bauen und Wettrennen spielen. Wer zuerst am Staudamm ist hat gewonnen. Jetzt beim Floß bauen kann ich in Ruhe noch einmal über die Glücksidee nachdenken.

Es ist schon interessant wie viele unterschiedliche Sachen ich gehört habe zum Thema Glück. Jetzt habe ich eine zweite Frage zu meinen Glücksinterview mit den Experten:

*Wieso ist Glück eigentlich so verschieden? Wir haben doch alle 2 Arme, 2 Beine, Augen, Haare und einen Kopf. Aber warum ist da so viel Unterschiedliches drin im Kopf?*

Ich mache jetzt einen neuen Plan.

Morgen frage ich noch Herrn Steb, Frau Wiebe und Opa nach dem Glück und dann gehe ich wieder zur Oma und frage sie, was ich jetzt weitermachen soll. Denn ich will es wirklich wissen, es ist ja sooo spannend. Aber auch ganz dolle anstrengend. Jetzt will ich nur noch, dass mein kleines Floß gewinnt. Das ist ja lustig, in meinem Bauch schwimmen gerade die Gummitiere und hier auf dem Wasser gleich das Floß. Dann ist der Tag ja doch auch noch schön! Ob das auch wieder verwurzeln ist?

Ich wünsche dir auch ein schönes lustiges Spiel, heute noch ...

Sicherlich hast du genauso ein Karussell wie ich im Kopf – mach' dir nichts draus, du bist damit nicht alleine. Mir geht es genauso ...

Wir brauchen das ja auch nicht alles heute fertig kriegen.

Meine Oma sagt immer: „Lass' es sacken, morgen sieht die Welt schon ein wenig besser aus. Du brauchst nur ganz fest daran glauben und an was Schönes vorm Einschlafen denken".

Ich hab´s schon oft genug ausprobiert und kann dir sagen: Oma hat Recht. Ich denk' einfach an die Gummitiere und das Floßrennen heute Abend beim Einschlafen und an noch etwas, was du aber nicht weiter verraten darfst. Ganz ehrlich, das gibt sonst Ärger bevor der Spaß angefangen hat ...

Laura hat ein paar kleine Frösche gefangen und schmuggelt sie nach Hause für die Badewanne heute Abend – das gibt ein Spaß. Ich bin schon gespannt was sie mir morgen davon erzählt. Wenn ich nur schon daran denke, lache ich sofort los – ich traue mich das mit den Fröschen lieber nicht, denn ich habe bald Geburtstag und da kennt Mama keine Gnade. …..Bis Morgen …

**Frau Wiebe**
**(Expertin für Brötchen und Brot)**

Meine Freundin Laura ist klasse. Sie hat zwar ganz schön Ärger gestern Abend bekommen, aber die Frösche darf sie trotzdem jetzt behalten. Nein, nicht in der Badewanne, draußen im Garten, da haben Lauras Eltern einen kleinen Teich. Da dürfen die jetzt für immer wohnen. Und auch gerne laut quaken, denn dann ärgert sich Herr Schlotte, der Nachbar, der immer meckert, wenn Laura und ich im Garten toben. Dabei schimpft der ständig, wir würden so einen fürchterlichen Krach machen. Nur ist sein Fernseher viel lauter als wir, ehrlich.

Lauras Eltern sagen auch, dass die Frösche jetzt die ganzen Pieksmücken auffressen können. Mit etwas Glück (da ist ja das Wörtchen wieder) sticht dann keine mehr unsere Beine und Arme. Also nach einer guten Nacht, dank den Gedanken an die Frösche in der Badewanne beim Einschlafen, den Gummitieren und unserem Floßrennen bin ich wieder unterwegs zu einer Expertin für mein Glücksinterview.

Frau Wiebe, die Bäckersfrau. Sie verkauft uns immer so süße, leckere Teilchen. Und manchmal verzählt sie sich dabei. Frau Wiebe sagt dann immer: „Huch, da hoab i mich abber verzalt."

Das passiert lustiger Weise nur, wenn Herr Wiebe nicht dabei ist! Jetzt schenke ich ihr erst einmal ein schönes Lächeln an diesem tollen Morgen. „Hallo Frau Wiebe, wie geht es deinem Bein?" frage ich. Frau Wiebe hat nämlich immer Schmerzen durch das lange Stehen hier im Laden.

„Ach Gloria, schön dass du mich wieder einmal besuchen kommst. Mein Bein ist zum Glück etwas besser, denn wir haben jetzt einen neuen noch ganz jungen Arzt hier um die Ecke bekommen. Der ist frisch aus dem Krankenhaus gekommen. Er hat dort die neuesten Bewegungen gelernt und bringt sie mir jetzt alle bei. Ganz anders als der alte Herr Doktor. Der war ja ganz nett, aber zum Glück ist er jetzt in Rente gegangen."

Das ist mein Einsatz, zweimal war das Wörtchen Glück dabei in ihrer Rede.

„Was ist eigentlich Glück, Frau Wiebe?" frage ich sie neugierig. „Glück? Oh, dass ist etwas was ich schon fast vergessen habe. Da muss ich erst einmal überlegen, damit ich dir eine gute Antwort geben kann, du junges Gemüse. Immerhin will ich dich in deiner Jugend und Freude nicht gleich am Anfang deines Lebens unglücklich machen mit meinen Worten"…

Hä? Worte können unglücklich machen? Und Glück kann man vergessen? Wie geht das jetzt wieder? Wird das vermalledeit denn schon wieder so schwierig wie gestern?

„Also", fängt Frau Wiebe an, „Glück war damals, als ich meinen Mann als junge Frau kennenlernte. Wir beide hatten noch ganz große Pläne, was wir alles so erleben wollten. Ja, die ganze Welt wollten wir uns anschauen und überall wo es uns gefällt auf der Welt frische `Wiebe-Brötchen` backen. Die besten deutschen Brötchen auf der ganzen Welt. Mit dem Schiff und dem Flugzeug wollten wir in die schönsten Länder reisen und uns alles anschauen. Ein paar Monate überall bleiben, wo es uns gefällt. Um in Hotels und Bäckereien zu arbeiten, und das nächste Ticket, Essen und Wohnen finanzieren. Wir hatten wirklich so viele Träume und Hoffnungen. Alles war aufregend und spannend ...

Damals war ich glücklich, ja so richtig glücklich". „Und", frage ich gespannt, „was hast du dabei alles erlebt, Frau Wiebe?" Da lacht Frau Wiebe, aber traurig, denn ihre Augen schauen so müde dabei aus – ich gucke immer in die Augen wenn jemand lacht, dann weiß ich Bescheid ...

„Nichts von all dem Erträumten. So wie das den meisten Menschen mit ihren Träumen geht: Wir haben unser Glück aus den Augen verloren. Die Sicherheit und Vernunft siegt nun mal meist über das Ungewisse und das Glück. Wir hatten nicht den Mut, uns unseren Ängsten zu stellen.

Herr Wiebe Senior wollte uns dieses Geschäft erst einmal übergeben dann könnten wir ja immer noch „Urlaub" machen sagte er. Und dabei ist es dann die letzten 37 Jahre geblieben.

Ja, wir fahren öfter in den Urlaub, aber das ist etwas anderes, als unsere Träume zu leben. Im Urlaub bist du doch oft mit den Gedanken am Geschäft und den Zahlen.

Einen guten Rat für dein junges Leben gebe ich dir gerne mit, Gloria. Achte genau auf meine

Worte, denn dies ist Lebenserfahrung, die du nicht in deiner Schule lernst oder in Büchern liest:

*Träume sind etwas sehr wichtiges, sie führen dich zu deinem persönlichen Glück. Wenn du glaubst, dass dich etwas glücklich machen kann, dann höre auf dein Herz, auf deine Träume und ein ganz klein wenig auch auf deinen Kopf.*

*Denn deine Träume bringen dich dazu einen bestimmten Weg zu gehen. Vielleicht ist dieser für andere Menschen unmöglich oder auch unwichtig. Eventuell lachen deine Freunde über solche Flausen und verhalten sich dir gegenüber ablehnend.*

*Aber wenn deine Träume dich nicht loslassen, dann folge ihnen. Denn dies ist dein persönlicher Weg zum Glück. Prüfe diese Träume ruhig mit deinem Kopf – denn er kann dich unterstützen die Träume in eine Wirklichkeit zu verwandeln.*

*So gehe durchs Leben, nicht im Kampf zwischen Kopf und Bauch, sondern in einer Einheit – stets mit dem Bewusstsein, dass dein Kopf dich unterstützt, - und doch nie alleine leitet!*

Ich hoffe, ich konnte dir ein wenig weiterhelfen was Glück bedeutet. Heute zum Beispiel ist mein Glück, dass ich dir das so weitergeben durfte. Oder besser gesagt, dass du mich für dieses Thema ausgesucht hast. *Auch wenn ich nicht meine Träume ausleben konnte, so weiß ich zumindest jetzt im Alter, **wie** ich es hätte tun können. Heute kann ich dir eine Lebenserfahrung und die Dringlichkeit der Träume weitergeben.Es ist immer eine Frage der Betrachtung. Ich danke dir für dein Vertrauen."*

Wow, jetzt habe ich Gänsehaut. Ich habe wieder nicht alles genau verstanden, aber es war etwas ganz Wichtiges was ich eben gehört habe, das weiß ich wegen meiner Gänsehaut ganz genau.

Nun werde ich diese Wörter erst einmal sacken lassen, so etwas Wichtiges will ich ein wenig mit mir spazieren nehmen. Da gehe ich doch gleich mal zu den Fröschen, aber diesmal alleine. Über Frau Wiebes Dringlichkeit und Lebenserfahrung will ich in Ruhe nachdenken.

Da kann ich Laura jetzt nicht neben mir gebrauchen, obwohl sie mir ganz doll Freude macht und wir zusammen viel anstellen. Manchmal bin ich einfach auch gerne mal alleine. Eigentlich schade, dass ich nicht so ein Ding, einen Kassettenrekorder, mitgenommen habe, dann könnte ich mir jetzt alles noch einmal in Ruhe anhören, zurückspulen, stoppen und immer wieder anhören, sooft ich mag.

Ach ja, ich hatte sogar noch ein Glück dazu bei Frau Wiebe. Diesmal hat sie mir zwei Teilchen mit auf den Weg geben, geschenkt, mit den Worten, wer so viele Gedanken mit sich trägt wie ich jetzt, der braucht etwas Süßes als Nervennahrung. Gar nicht schlecht so eine Nervennahrung.

Und wenn ich noch einmal diese Glückssache von Frau Wiebe hören will besuche ich sie einfach wieder. Die mag mich, glaube ich. So jetzt lass´ ich es mir aber erst mal so richtig schmecken hier am Bach bei den Fröschen. Ich liebe das ´Draußen essen´. Immer wenn ich will, kann ich mein Essen zur Seite legen und ein bisschen Rumtoben. Keiner sagt: Sitz still, sitz gerade, zappel nicht, hast du dir auch die Hände gewaschen, iss den Teller auf ... Hier draußen schmeckt alles viel, viel besser und es gibt so viel zu sehen.

Warum mache ich das nicht öfters? Ich kann es mir doch einfach wünschen? Dann braucht Mama auch nicht abwaschen. Es gibt halt alles aus der Hand und zum Schluss werden die Hände gewaschen, das lohnt sich dann auch wenigstens. Vielleicht können ja auch Oma, Opa und Laura mitmachen. Und noch ihre Eltern, dann ist das ein richtiges Fest. Au ja, das wäre echt toll. So im Freien bei den Schmetterlingen kommen mir immer gute Ideen und einfach so, ich muss mich gar nicht dazu anstrengen.

Oma sagt das ist „FLOW" und das spricht sie immer so langsam aus:

FLOOOWWW, hört sich toll an. Und das ist es auch, laut Oma. Das haben wir Kinder nämlich viel mehr als die Erwachsenen. Da vergisst man alles um sich herum, sagt Oma, und ist einfach nur glücklich – ohne zu denken was danach kommt.

Halt mal, wie war das, so habe ich das ja noch nie gesehen. Wenn ich hier am Bach sitze und ans Essen denke, dabei die Schmetterlinge anschaue, den Bach höre und das Gras rieche habe ich FLOW? und bin glücklich?? Wieso sitzen dann nicht hier ganz viele Leute und sind glücklich, - wenn das so einfach ist?

Das muss ich unbedingt die Oma fragen, die weiß bestimmt darauf eine Antwort. Also ich gehe auf jeden Fall jetzt öfter hierher, dann bin ich ja schon flowy und glücklich ohne etwas zu tun. Das ist doch überhaupt nicht anstrengend …

Und mein Kopf platzt auch nicht davon. Mal sehen, wer noch auf meiner Expertenliste steht. Jetzt geht's erst richtig los – es wird immer spannender und ich immer aufgeregter. Oh! Herr Steb ist dran… Der ist mir manchmal unheimlich.

Aber, ich habe ja jetzt schon „FLOW" da kann ich auch gleich zu ihm gehen. Ich fühle mich gerade stark und mutig, um ihn auch nach Glück zu fragen. Bei dem kriege ich zwar immer eine tolle Wurstscheibe, aber der ist so rot im Kopf und hat so kleine Augen und redet so schrecklich laut. Okay, Laura und ich haben ihn auch schon einen großen Streich gespielt letzte Woche.

Also das war so: Herr Steb hat letzte Woche Hühner geschlachtet in seinem Hof. Und da kam Laura, ehrlich es war sie, auf die Idee, die Hühnerbeine zu klauen. Also nicht die ganzen Beine sondern eher die Füße. Und, das war echt lustig, wenn ich an den weißen Fäden, die da raus guckten gezogen habe (Sehnen nennt man das, hat mir später mein Papa erklärt), dann haben sich die Füße noch bewegt. Und da hatten wir die Idee, unsere Entdeckung, also die Hühnerfüßchen, auch anderen Leuten zu zeigen:

Wir schlichen uns um die Ecke von Herrn Stebs Laden und haben diese Füßchen allen Leuten direkt vor die Nase gehalten wenn sie rauskamen. Und dabei an den Fäden gezogen und ganz laut „uahh" gerufen. Das war so lustig, die meisten haben sich erschreckt und geschrien. Blöd war halt, dass Herr Steb bei dem vielen Geschrei raus kam und uns gaaanz fürchterlich ausschimpfte. Dann hat er uns an den Ohren gezogen und gesagt, er ruft jetzt unsere Eltern an und erzählt, was wir angestellt hätten.

… und das hat er halt auch wirklich gemacht, wie gemein von ihm. Es gab Schimpfe und kein Fernsehen für 3 Tage, obwohl wir nur ein paar Minuten die Leute erschreckt haben – das ist einfach ungerecht. Später, als mein Papa heimkam, hat er mir dann erklärt, dass so etwas respektlos den toten Tieren gegenüber wäre.

Ich sehe das ja ein! Aber der Papa hat nicht gesehen, **wie respektlos Herr Steb die lebendigen Hühner behandelt hat** – und da konnten die bestimmt noch Denken und Fühlen.

Wieso durfte **er** das? Jetzt wo ich wieder an die armen Hühner denke, bin ich nicht mehr so „FLOW" ich bin eher traurig, wütend und unglücklich …

Und ich habe Angst zu ihm zu gehen, aber ich mach´s trotzdem …

## Herr Steb
**(Experte für Wurst und Schinken)**

„Hallo Herr Steb, geht's dir gut?" frage ich gleich beim Eintreten, denn dann hab ich schon mal meine Stimme geübt zum Fragen, das geht danach leichter nach ein paar Worten.

„Was willst du denn schon wieder, Hühnerklauen stibizen?" erwidert er brummig. Mann, muss der gleich sich daran erinnern. Es gibt doch bestimmt so viele Kinder, die hier sich eine Wurst abholen dürfen, wieso erkennt der mich?

„Nein" ,erwidere ich mutig, „dass mach´ ich nie mehr, versprochen. Ich wollte dich nur etwas fragen, darf ich?" „Na gut, wenn du so artig bittest dann frag halt", brummt er wieder.

„Was ist eigentlich Glück" ,stelle ich nun mit ganz fester Stimme meine Frage, dabei halte ich in meiner Hosentasche meinen Glücksstein fest.

Was ein Glücksstein ist? Na, ein Stein, den man irgendwo findet und den man ganz besonders doll liebgewinnt, obwohl sich alle anderen wundern wieso man so einen ollen Stein mit sich herumträgt. Ich habe sogar Laura einen geschenk. Ich hab´ nämlich zwei gefunden und dann haben Laura und ich beschlossen, wir nehmen die Steine immer mit. Und wenn wir dann vor irgendetwas Angst haben oder Schimpfe kriegen sollen, drücken wir den Stein fest mit der Hand und dann haben wir Kraft.

Unsere Steine sind nämlich Kraftsteine. Die bringen Glück, sagt Laura. Hey, dann mach ich ja schon etwas GLÜCK, juhu ... Das geht natürlich auch mit Murmeln oder Muscheln ... Also den Stein halte ich jetzt auf jeden Fall fest, das sieht ja auch keiner und fast ist es dabei so, als wenn Laura neben mir steht. Das werde ich ihr gleich nachher erzählen. Sobald ich aus dieser Kühltruhe hier in Herrn Stebs Laden draußen bin. Wir nennen nämlich den Laden von Herrn Steb hier immer Kühltruhe. Es ist soo kalt hier drinnen. Kein Wunder dass Herr Steb immer so brummig ist, der hat hier ja gar keine Sonne drinnen und Wärme ... Vielleicht schläft der sogar hier

*„Glück ist nur etwas für Spinner und Tagträumer" erwidert Herr Steb weiterhin brummig und schlecht gelaunt, „das ist alles nur Gewäsch und Geschwätz von irgendwelchen Verrückten, die sich für besonders klug halten und sonst nichts Richtiges im Leben zu tun haben. Alles nur Geldmacherei und so ein ESOgehabe. Wenn die alle mal wirklich arbeiten müssten, dann*

*hätten diese Freaks auch keine Zeit mehr an solch einen Blödsinn nur zu denken.*

Lass' dir da bloß keine Flausen in den Kopf setzen, von wegen: glückliches Leben und du bist deines eigenen Glückes Schmied... Da wirst du schon sehen, was du davon hast – nämlich nix zu essen, keine Pinkepinke. Lern´ lieber was Anständiges, etwas was dir ein gutes Stück Fleisch mittags auf den Teller legt. Dann bist du ein gemachter Mann wie ich. Satt, mit Geld in der Tasche und fragst nicht mit knurrenden Magen nach dem Glück."

Jetzt bin ich aber ganz verwirrt, da hilft auch mein Stein gerade mal nix – ich fühl' mich wie durch den Autoscooter durchgeschüttelt. Das war nämlich auch so ein Gefühl letztes Jahr auf der Kirmes. Laura und ich wollten unbedingt diese Autoscooter fahren. Und kaum hat es getutet da bollerten uns alle an. Mir war ganz schlecht und schwindlig danach, das mache ich nie mehr.

Und jetzt geht's mir genauso nach dem Interview mit Herrn Steb. Ich glaub das mach ich auch nie mehr. Den frag´ ich einfach nichts mehr, der ist sowieso so brummig und... (darf ich jetzt hier nicht sagen)!

Es ist so komisch heiß im Bauch geworden, als der mir das alles erzählt hat von Spinnern und Blödsinn und Freaks. Dann kam da auch noch so ein seltsames Wort wie ESOgedings vor, das hab ich ja noch nie gehört!

Aber mein Bauch hat dabei ganz dolle gegrummelt und meine Füße wollten ganz schnell weglaufen. Dabei ist mir noch heiß und kalt geworden, echt. Nur mein Stein hat mir geholfen da stehen zu bleiben, obwohl mein Herz gerast hat wie nach einem Wettlauf. Jetzt ist mein Stein erst einmal müde geworden. Der kriegt jetzt von mir einen Mittagsschlaf geschenkt, damit er schnell wieder Kraft besitzt.

Und ich brauche auch etwas Kraft jetzt, am besten bei Oma und Opa. Die können das echt gut, die erzählen mit so einer schönen Stimme, wenn ich meine Fragen stelle. Die hören zu und da wollen meine Füße auch nicht wegrennen. Außerdem gibt's bestimmt noch etwas von der Schokolade, die der Opa in einem Kistchen in der Gartenhütte versteckt hat. Pst, nicht verraten, die Oma wird sonst böse. Die sagt immer, der Opa darf nicht zu viel naschen wegen seinem ZUCKER. Ich verstehe das nicht. Wird der dann auch so schnell leer wie meine Schokolade zuhause, dieser

Zucker? Dabei ist das doch der Zucker von der Schokolade. Und die hat genug davon. Und dann gibt's ja auch noch mehr Schokolade in all den Geschäften, der kann doch nicht leer sein? Opa sagt zu Oma dann immer: das ist alles nicht so schlimm, nur die Ruhe. Denn in der Ruhe liegt die Kraft – außerdem hätte er die Schokolade ja wegen mir im Garten, damit ich ihm bei der Gartenarbeit besser helfen kann. Denn Schokolade wäre ja doch Nervennahrung und gibt Energie. Jetzt bin ich es wieder, wenn der Opa dann seinen Zucker nicht mehr hat, weil die Schokolade ja wegen mir in dem Kistchen liegt.

Hey, wenn ich es mir so genau überlege, es ist ja eigentlich meine Schokolade. Dann kann ich sie doch auch mit nach Hause nehmen, oder? Wenn 's doch meine ist?

Auf jeden Fall bin ich durch dieses ganze Denken hier eben gerade bei Oma vor der Tür gelandet – hab' gar nicht gemerkt wie die Zeit vergeht. Dabei ist mir sonst immer langweilig, wenn ich die Wurst für Oma bei Herrn Steb abgeholt habe.

Diesmal ging es ganz schnell, war das jetzt ein GLÜCKSFLOW? Auf jeden Fall freue ich mich auf Oma und Opa jetzt. Hier bei den beiden ist es immer so schön kuschelig warm, sogar wenn die Sonne nicht scheint – bei Oma und Opa scheint sie immer, auch wenn es draußen regnet oder schneit.

Ich kann alles fragen, Oma hört mir zu und spricht mit mir wie zu den Erwachsenen und Opa ist der tollste Gärtner. Gummitwist kann er auch hüpfen. Manchmal wenn Laura mitkommt springen wir Gummitwist mit ihm. Und am Sonntag wollte ich alleine springen, da hat Opa einfach eine Mülltonne anstatt Laura genommen zum Gummihalten. Es ging sogar bis Hüfte. Bei Gummitwist gibt's nämlich Fuß-Knie-Hüfte falls du vergesslich bist. Weiß aber jeder, oder? Das war lustig, ich hab mir vorgestellt, dass das jetzt eine blaue Laura ist, und so dick, hihi. Es war toll. Opa ist spitze für Ideen, der findet immer eine gute Lösung.

Moment mal, vielleicht findet ja der Opa auch eine Lösung für meinen karussellierten Kopf jetzt nach so vielen Glückinterviews ... Ich geh gleich in den Garten und bespreche ihn.

**Opa**
**(Experte für Garten und Hofkehren, ab sofort auch Gummitwisten)**

„Hallo Gloria", ruft Opa aus dem Garten hinten bei dem Kartoffelbeet und winkt mir zu. Gleich darauf kommt er zu mir und umarmt mich ganz lieb, „na Lust auf ein bisschen Energie?", fragt er mich, dabei zwinkert er so komisch mit den Augen. Ich glaube, der hat nur auf mich gewartet. Jetzt hat er Glück und ich bin da – sein Schokoladenesser ... natürlich teile ich mit ihm, denn wir sind ja Freunde .

„Oooppaaaa" fange ich an, „ich hab da was gemacht und jetzt weiß ich nicht mehr was ich weiter machen soll. Es ist alles so voll in meinem Kopf und dreht, auch sich wenn ich nur ein bisschen daran denke".

„Oje, das hört sich ja ganz furchtbar an", äußerst sich Opa da, „hast du wieder etwas mit Laura angestellt?" „Nein, ehrlich. Es ist etwas ganz, ganz anderes. Erst fand ich die Idee so toll und jetzt bin ich irgendwie furchtbar gefordert damit", gebe ich zu. Opa schaut mich eine ganze Weile an und legt dabei den Arm um mich: „Komm' Gloria, hilf mir ein bisschen mit den

Kartoffeln und dabei kannst du ja erzählen was dich bedrückt – wenn du willst."

Siehst du, das meine ich, er hat gleich schon eine gute Idee. Dieses Graben und Buddeln in der Erde ist echt klasse fürs Denken. Ich brauch' das nur ein bisschen zu machen und dann fallen die Worte ganz einfach so aus meinem Mund, einfach so – ohne Anstrengung. Wenn ich jetzt vorm Opa stehen würde und versuche das alles zu erzählen, würde der NICHTS verstehen und ich würde KEINEN ganzen Satz zu Ende kriegen, ohne dass der Kopf ganz heiß würde.

Aber so? Das geht. Das hört sich ja jetzt schon so leicht an und Opa hat gesagt, ich darf erzählen *wenn ich will*. Wenn nicht ist auch gut, dann machen wir zusammen die Kartoffeln und gut ist, ganz einfach!

Wenn das doch auch nur so einfach in der Schule wäre. Ich stell mir das so vor:

In jeder Klasse steht vorne so ein Kasten, ein Beet, mit Kartoffeln oder nein, noch besser, für jedes Fach ein anderer Kasten.

Mathe: Erdbeeren, Deutsch: Himbeeren, Sport: Äpfel oder Kirschen, da kann man gleich klettern dabei, und Musik: Johannisbeeren, die sind so schön sauer, da singt jeder bestimmt schöner, hihi.

Wer was aufsagen oder an die Tafel schreiben kommt, steigt ins Beet und beim Graben und Abzupfen erzählt er dann was er weiß.

Da würde sich Laura bestimmt mehr anstrengen in Mathe, die mag nämlich Erdbeeren ganz besonders. Das ist dann bestimmt das „FLOOOOOOWWW" von Oma. Ich will ihr das nachher einmal sagen, vielleicht hört Herr Thiel ja auf meine Oma, die ist doch auch erwachsen.

Jetzt erzähl' ich Opa erst einmal meine Geschichte vom Glücksinterviewen. Vielleicht kann er mir ja seinen Kopf leihen, damit ich das besser verstehe und sortieren kann.

*Opa ist voll der gute Sortierer: die guten ins Töpfchen, die schlechten schmeißt er gleich auf den großen Misthaufen. Das geht doch bestimmt auch mit meinen Gedanken. Die guten lass' ich im Kopf und die schlechten schmeiß ich mit Opa auf den großen Misthaufen gleich da hinten – einfach so, dann sind die weg, ätsch. Das macht bestimmt Spaß ... und los geht's ...*

„Also Opa", sprudelt es gleich aus meinem Kopf, „ich bin doch so neugierig und da dachte ich letzte Woche, ich mache ein paar Interviews, natürlich ohne Fernsehen und schwarzem Eis in der Hand, und dann hab ich mir ein paar Experten dazu ausgedacht und die gefragt was eigentlich Glück ist. Und dann haben ALLE einfach nicht das Gleiche gesagt.

Ich wollte doch hören, was das Glück ist und das alle glücklich sind. Doch jeder hat mir eine andere Antwort gegeben, – ich hab nämlich nix verstanden. So gar nix. Und dann, dann fing das in meinem Kopf an. So komisch voll war der und es hat sich alles gedreht. Ich war traurig und wütend, weil ich es doch ganz einfach haben wollte – denn ich will doch auch glücklich sein. Die anderen haben aber nicht richtig mitgespielt.

Und am allerschlimmsten war vorhin der olle Steb. Der hat **so** doofe Sachen gesagt, dass ich jetzt eigentlich gar nichts mehr vom Glück wissen will. So und jetzt bin ich unglücklich darüber und jetzt will ich nicht mehr mitspielen."

Opa lacht! Der lacht einfach!!

Da kommen mir die Tränen und ich heule los. Erst das doofe Spiel mit dem Glück, dann bin ich traurig und motze, und jetzt lacht Opa mich aus. Ich will einen anderen Opa sofort, der ist nicht mehr mein bester Opa. Gleich will ich davon rennen, doch Opa nimmt mich ganz fest in den Arm und streicht mir über den Kopf.

„Gloria", sagt er zärtlich zu mir, „alles ist gut und das andere wird auch wieder gut. Du hast alles gut gemacht. Wenn du jetzt noch ein bisschen gemotzt und geweint hast, dann reden wir beide ganz in Ruhe darüber."

Na, das klingt schon besser. Vielleicht behalte ich ihn doch als Opa. Ich glaube fast ein wenig er versteht mich doch – auch wenn er gelacht hat. Und die großen starken Arme, die mich gerade halten, sind toll. So richtig kuschelig wie ein großer Teddybär zum Einkuscheln. Eigentlich will ich noch gar nicht so schnell aufhören zu schniefen, denn dann lässt er mich ja wieder los … Andererseits möchte ich ihm ja noch alles erzählen, bevor es dunkel wird. Okay, ich versuche es noch einmal. Oma sagt ja auch immer, man müsse Geduld und Nachsehen haben mit den Menschen, immerhin ist Opa ja auch ein Mensch – ein Opamensch eben.

„Also Opa", beginne ich noch einmal, „ich **will** glücklich sein und weiß nicht wie das geht. Wie ist das? Wie fühlt sich das an? Und wie kann man das lernen? Wer kann mir das lernen? Wo kann ich das lernen? Wann weiß ich denn überhaupt ob ich glücklich bin? Was ist denn Glück eigentlich?

Das saust in meinem Kopf herum und ich wollte die Experten fragen wie im Fernsehen. Denn Papa sagt immer, für alles gäbe es die Experten, die wissen schon was sie tun. Deshalb bin ich auf die Idee gekommen diese Glücksinterviews zu machen, mit Experten halt …

Doch fast alle haben so komische Sachen gesagt, die ich nicht verstehe und jetzt hab' ich ganz viel in meinem Kopf und trotzdem weiß ich noch immer nicht, was Glück wirklich ist. Und dich wollte ich auch noch fragen, dafür habe ich jetzt aber keinen Kopf mehr frei. So jetzt weißt du alles was da oben drinnen ist".

Ich hab´s geschafft! Opa lacht nicht mehr und ist ganz still. Er schaut mich ernst an und fragt dann: „Wenn ich alles so einigermaßen richtig verstanden habe, willst du wissen was Glück ist und wie man glücklich wird und dann noch wo man das lernen kann?"

„Jaaaaaaaaaaa", erwidere ich erfreut und mache einen kleinen Luftsprung im Kartoffelbeet. „genau das ist es. Ich möchte das ganze Glück gleich und für immer."

„Tjaaaa" sagt Opa, „das ist schwer und einfach zugleich. Glück ist nicht für jeden das Gleiche. Jeder Mensch empfindet Glück als etwas Spezielles nur für ihn. Klingt schwierig, oder?

Ich versuche es dir einmal zu erklären:

Das ist so ähnlich wie Schokolade essen, du magst die Kinderschokolade und ich esse die Weiße besonders gerne.Wenn jeder von uns seine Lieblingssorte hier in der Kiste findet, ist er schon mal ein wenig glücklich. Das ist allerdings nur eine kleine süße Sache. Glück ist mehr, allumfassender:

Herauszufinden was **DICH** glücklich macht – *das ist ein wenig Arbeit. Ein schöner Weg, den jeder suchen sollte. Er ist es wert, gefunden zu werden. Am Ende winken dir das Glück und die Zufriedenheit zu. Du wirst dabei Dinge erkennen, die du jetzt noch nicht einmal erahnst.*

*Die Welt wird damit viel bunter für dich, interessanter und du gehst neugieriger durch dein Leben. Du kannst Dinge erleben, wovon du jetzt noch nicht einmal träumst und am Ende wenn du so alt bist wie ich wirst du zurückblicken und sagen, ja, das war eine schöne Zeit hier auf diesem Fleckchen Erde.* Und dabei meine ich jetzt nicht das Kartoffelbeet indem wir beide gerade stehen, sondern allgemein der

Platz wo du dir dein eigenes Nest gebaut hast. Ich meine damit: Finde deine eigene kleine Oase zum Wohlfühlen.

*Ich persönlich finde es ganz toll, dass du schon jetzt mit der Glückssuche anfangen willst. So jung, wie in deinem Alter wollen das sicherlich nicht viele. Andererseits kann jeder, ob Kind, Erwachsener oder so ein alter Knopf wie ich wieder anfangen, ein bisschen glücklicher zu werden.*

**Glück kann schließlich jeder gebrauchen...**

Ja, auch ich! Du brauchst mich gar nicht so mit deinen großen Augen anschauen. Im Herzen sind wir alle noch ein wenig Kind, deshalb esse ich ja auch so gerne noch die Schokolade, die wir vor Oma versteckt haben.

Der größte Spaß ist doch die Oma zu überlisten – aber nicht verraten. Doch, natürlich, wenn ich es mir so genau überlege, es gibt immer noch ein wenig zu verbessern. Jedes Mal, wenn ich mich auf die Glückssuche wieder aufmachte ist danach mein Glück ein bisschen schöner geworden. Das ist zumindest meine Erfahrung in all den Jahren, die ich schon hier auf der Erde bin."

„Und was ist dann eigentlich dein großes Glück?" frage ich meinen Opa. „Das größte Glück ist, deine Oma eines Tages beim Fahrradfahren erwischt zu haben. Sie ist mir damals wirklich vor die Füße gefallen.

Die Geschichte geht so: Als ich mal wieder zu schnell mit meinem Fahrrad um die Ecke bog und nicht auf die Straße achtete, hat sie plötzlich vor mir gestanden – wie vom Himmel geschickt. Da habe ich sie prompt vor Schreck umgefahren. Allerdings ist nicht viel passiert. Ich half ihr auf und brachte sie nach Hause. Und dann wusste ich ja, wo dieser Schatz wohnt. Clever von mir, oder? Mehr brauchst du jetzt erst einmal nicht wissen.

Nur vielleicht noch so viel:

*Das Glück liegt auch manchmal direkt vor dir. Mach dir die Mühe und sieh genau hin und dann, wenn du es erkennst, hebe es auf und bewahre es wie einen kostbaren Schatz auf – dein Leben lang.*

*Denn Glück bekommst du oft geschenkt. Besser gesagt: GELIEHEN! Nur keiner weiß wie lange. Deshalb erfreue dich jeden Tag, halte inne und genieße dieses Glück".*

Ich liebe meinen Opa und jetzt bin ich zufrieden und müde und ich glaube auch glücklich! Opa hat mir versprochen am Wochenende, also morgen, mit mir und Oma gemeinsam zu überlegen wie es jetzt weitergeht mit der Glückssuche. Ich freue mich schon sehr darauf und finde es auf jeden Fall wieder richtig schön, nach dem Glück zu suchen.

Hoffentlich bist du jetzt auch glücklich …

Ich teile meinen Opa gerne mit dir. Wenn du willst, kannst du gerne noch einmal Opas Wörter da oben jetzt lesen oder 12 … oder noch 86 mal.

Ich finde sie gut. Die machen so ein schönes warmes Gefühl, genauso wie letztes Jahr in den Sommerferien am Lagerfeuer. Da haben wir erst Holz alle gesammelt und das auf einen großen Haufen geschmissen. Danach gab es Stockbrot zum Grillen und wir haben alle zusammen viele Lieder gesungen. So nahe am Feuer ist es dann auch so ganz warm geworden. Opa hat das eben mit der Wärme eben ohne großes Feuer gemacht. Vielleicht hat der ja so ein Feuer in seinem Herzen?

Auf jeden Fall ist mir ganz warm geworden. Mit diesem „Bauchgefühl" kann man ganz supi gut einschlafen, ehrlich – probier es doch einfach mal aus…

## 4. Das Angebot

Am nächsten Morgen wache ich besonders früh auf. Ich hab gar keinen Hunger und will gleich zu Oma und Opa. Schließlich haben wir vor, etwas auszuhecken. Ich bin schon ganz gespannt, ob das genauso lustig wird wie mit Laura immer. Gleich bin ich da, ich bin ganz viel gerannt und stehe nun vor der Tür.

„Gloria", ruft Oma erstaunt, „bist du aus dem Bett gefallen? Mit dir habe ich noch gar nicht gerechnet. Komm' rein, du bist ja ganz außer Puste.

Jetzt trinken wir erst einmal einen schönen heißen Tee. Der Opa ist noch im Bad und putzt sich die Zähne."

Ups! Zähneputzen! Daran habe ich ja überhaupt nicht gedacht heute Morgen. Na macht nichts, es ist immerhin für einen guten Zweck. Da hat der Zahnarzt bestimmt Verständnis für so was Wichtiges.

Wofür Glück schon jetzt so alles gut ist – ich bin gespannt wie es weitergeht heute.

Oma und ich gehen zusammen in die Küche. Da gibt es so einen schönen Tisch mit einer Bank um die Ecke und 2 Stühlen und es riecht immer gut in dieser Küche. Mama sagt öfter zu Papa sie will auch eine Wohnküche haben. Dabei wohnen Oma und Opa nur manchmal in dieser Küche. Die gucken Fernsehen drüben im anderen Wohnzimmer und schlafen tun sie oben im Bett.

Als Opa **endlich** zu uns kommt, wird's erst richtig spannend. Oma und Opa schauen sich an und Oma nickt mit dem Kopf.

„Also", ‚sagt Opa ganz feierlich, „wir haben da eine Idee für dich und dein Glück. Ich habe Oma gestern Abend noch von deinem Dilemma erzählt und wie traurig du geweint hast. Das hat mir ernsthaft zu denken gegeben und ich dachte, es sollte etwas geschehen für dich.

Oma und ich haben uns gestern Abend gemütlich bei einem Glas Wein zusammengesetzt und Ideen gesammelt. Folgendes Angebot machen wir dir jetzt dazu."

Dass Opa von meinen Lämmern erzählt ist ja okay. Aber dass er das mit dem Heulen erzählen musste, finde ich peinlich. Ich schäme mich so dafür und werde jetzt ganz rot.

„Es ist alles in Ordnung, Gloria, alles ist gut", sagt Oma (die sieht echt alles), „wir verstehen dich besser als du dir gerade vorstellen kannst. Es ist überhaupt nichts Schlimmes zu weinen oder auch mal wütend zu werden. Deine Gefühle sind sehr wichtig und sollten raus. Sonst wurmen sie dich noch ganz lange im Bauch und das wäre nicht gut. Außerdem sind Tränen etwas Menschliches. Sei froh, dass du sie so zeigen kannst und glaube nicht, dass du deshalb eine Heulsuse bist.

Es ist gut so.... Wir beide, Opa und ich, möchten dir gerne ein bisschen helfen beim glücklicher werden, wenn du das wirklich willst."

Und dann kommt das Angebot von ihnen:

Ich darf mich, wenn ich das will, jeden Samstag mit Oma und Opa treffen und sie zeigen mir Übungen fürs glücklich werden.

Wow, jetzt komme ich endlich an mein Ziel. Toll, jetzt geht's endlich wirklich los und dann auch noch mit Oma und Opa, die ich sowieso so gerne habe. Diese Übungen heißen ein bisschen komisch.

Oma nennt das MENTALE STRATEGIEN oder so ähnlich. Die sind für solche Tage, wo man unglücklich und traurig ist. Oma sagt, am besten lerne ich die gleich am Anfang vom glücklich werden. Dann kenne sie schon, falls mich mal wieder ein Loch erwischt (ich dachte immer Löcher machen Maulwürfe, Hunde und Katzen …)

Und auch ein paar Übungen so ähnlich wie in der Sportstunde bei Frau Gött. Lustig, Oma und Opa sind meine Sportlehrer, hihi. Und, das ist echt witzig, Oma und Opa wollen mich ganz viel fragen und ich soll in meinen Bauch hören und dann ganz ehrlich antworten.

Die beiden wollen mir ein Loch in den Bauch fragen? Das sind also die Maulwürfe. Die graben sich in meinen Bauch rein und fragen sich immer tiefer …

So gut wie ich können die bestimmt nicht fragen. Mama sagt immer, ich sollte doch das Wörtchen *„warum"* auf eine Spielkarte schreiben und dann immer nur die Karte ziehen. Das wäre viel einfacher für mich und ginge schneller. Was die wohl damit meint?

Das ganze Spiel wollen Oma und Opa Zwei-Handvoll-Samstage mit mir spielen, also 10 Finger lang. Jede Woche! Bis zum Mittagessen… und dann gibt's auch noch Hausaufgaben auf. Die soll ich dann bis zum nächsten Samstag machen und üben.

Wenn ich das mache und durchhalte, sagt Oma, wüsste ich auf jeden Fall besser über Glück Bescheid. Ich könnte dann die STRATEGIEN immer ANWENDEN, wenn ich mal unglücklich bin. Und durch das Üben würde ich überhaupt weniger traurig sein, also kürzer traurig, denn ich habe ja die STRATEGIEN.

Das ist wie Lesen üben, finde ich. Wenn ich mehr übe, dann kann ich besser und 'flüssiger' lesen. Dann fällt es mir nicht schwer und ich traue mich sogar in der Schule vorzulesen.

Das alles macht die Übung.

Üben ist aber ganz schön doof. Wenn ich übe, dann sitze ich mit meinem Buch bei Mama auf der Couch und sie verbessert mich ständig.

Puh, das klingt jetzt doch gar nicht mehr so verlockend wie ich das bis vorhin noch gedacht habe.

Oma sag,t ich solle jetzt einfach mal in den Garten gehen und mit Oskar ein bisschen buddeln. Dabei die Schmetterlinge und das junge Gemüse betrachten und an NICHTS denken. Einfach nur anschauen. Und wenn ich dann eine Idee bekomme wie das mit meinem Glück weitergehen soll, kann ich es ihr oder Opa direkt sagen. Weder

Oma noch Opa sind enttäuscht wenn ich es nicht machen will: **DAS KLEINE GLÜCKSTRAINING**.

Sie haben mich trotzdem lieb. Haben sie gesagt und das glaube ich auch ganz doll. Nein, nicht glauben - **das** fühle ich schon mal mit meinem Bauch. Ich weiß bloß nicht ob ich nicht lieber mit Laura den Samstagmorgen schon zusammen sein will oder halt erst nachmittags. Schließlich weiß ich ja auch nicht, ob Laura mich dann noch so lieb hat wie jetzt und meine beste Freundin bleiben will. Wenn ich ein Glückstraining bei Oma und Opa mache, verändere ich mich schon sagt Opa. Vielleicht sucht Laura sich ja dann eine andere Freundin, die nicht so komische Sachen macht.

Und dann noch die Hausaufgaben, die ich bekommen soll. Eigentlich habe ich schon jetzt keine Lust auf Hausaufgaben, dann auch noch mehr? Dabei bleibt ja wieder weniger Zeit für Laura und mich übrig. Wenn ich es recht überlege, bin ich eigentlich gar nicht so unglücklich. Vielleicht hat Herr Steb recht und das ist alles nur was für Spinner und Freaks, dieses, dieses wie heißt das gleich? ESOGEHABE? Ich könnte ja Herrn Steb fragen ob ich bei ihm was Anständiges lernen darf. Dann habe ich wenigstens Wurst so viel ich mag. Und mein Taschengeld kann ich damit auch verbessern – wenn ich ihm helfe. Der gibt bestimmt keine Hausaufgaben auf.

Oder Frau Wiebe? Der kann ich die ganze Arbeit mit den Regalen abnehmen. Die wische ich aus und bekomme dafür meine süßen Teilchen. Ist schon verlockend.

Das ist aber echt schwer zu entscheiden, finde ich. Und was ist mit Mama und Papa? Die sagen ja schon immer zu mir ich frage soviel, vielleicht frage ich dann ja noch mehr und vor allem komischere Sachen.

Ah, da kommt ja Oskar. Ich mache jetzt erst einmal das was Oma gesagt hat. Buddeln, anschauen, an nichts denken (wobei ich noch nicht weiß wie ich **das** anstellen soll. Immer wenn ich versuche nicht an Schokolade zu denken, kommt die Schokolade erst recht in meinen Kopf).

EINFACH VERTRAUEN, dass ich schon die richtige Entscheidung für mich jetzt treffe, hat Oma mir eben noch hinterher gerufen und wieder ihren Lieblingssatz: Es wird schon alles gut!

Die hat gut reden, die kann das ja schon alles!

„Komm Oskar", rufe ich Opas Katze, „wir verbuddeln jetzt mal das Vertrauen ganz tief in meinen Bauch. Dann graben wir beide noch in der

Erde und verwurzeln uns so richtig dabei. Und dann denke ich nicht an Schokolade und schaue die Schmetterlinge und das junge Gemüse an und alles wird gut. Was meinst du dazu?"

Oskar streicht mir zustimmend um die Beine und fängt schon mal an Opas Gemüse auszubuddeln. Oweia, ich glaube das war anders gemeint, aber Oma sagt ja immer: Alles wird gut!

Ich bin gespannt wann mein Bauch etwas weiß. Bis jetzt weiß ich zumindest, dass mein Bauch noch nichts weiß. Hoffentlich bist du schlauer und weißt schon was du weißt. Hat dir dein Bauch schon gesagt ob du das machen sollst? Ist das bei dir auch so? Auf einmal, zack, glaube ich jetzt, dass es doch vielleicht gar nicht so wirklich nützlich ist glücklich zu sein?

GLÜCKSTRAINING ...

Vielleicht sind das ja nur wieder solche Flusen in meinem Kopf wie Mama immer sagt.

## 5. Die Sehnsucht

Weißt Du was SEHNSUCHT ist?

Bis jetzt wusste ich das auch nicht.

Aber wo Opa mir das gerade hier im Garten erklärt hat, da fallen mir ganz viele Beispiele ein wo ich schon Sehnsucht hatte. Ich erkläre es dir einfach mal so ganz einfach – die Erwachsenen verkomplizieren das sowieso nur meistens. Am besten hörst du **mir** zu und vergisst die anderen Wörter.

Dazu machst Du am besten deinen Kopf leer und denkst an nichts (siehst du, ich kann das nämlich auch sagen).

*Sehnsucht ist etwas was du ganz dolle haben willst.*

*So richtig Lust auf was.*

Ich mach dir ein Beispiel:

Wenn meine Schwester neben mir beim Fernsehen Chips isst, dann kriege ich Sehnsucht nach Chips. Meine Schwester will mir aber keine abgeben und sagt, ich soll mir doch selbst welche holen aus der Küche. Dazu bin ich zu faul und außerdem will ich ja den spannenden Film nicht verpassen. Aber dann, dann passiert etwas

Komisches. Obwohl ich den Film angucke, denke ich an die Chips. Ich rieche sie sogar und immer mehr. Dann beißt meine doofe Schwester da auch noch so laut drauf rum, damit es knuspert, und mir läuft die Spucke im Mund zusammen. Ich kann nicht mehr an den Film denken, denn da rutschen immer wieder die Chips in den Kopf, obwohl der Film **nicht** von Chips handelt. Mein Denken ist nur noch auf diese blöden Chips gelenkt, bis ich endlich in die Küche gehe und mir auch welche hole.

Das ist Sehnsucht.

*Opa sagt eine Sehnsucht dauert solange bis man in ihre Richtung handelt.*

Also habe ich alles richtig gemacht, ich bin in die Küche gegangen und habe gehandelt. Und die erste Handvoll hat mir am besten geschmeckt.

Ich mach dir noch ein Beispiel:

In den Osterferien sind Laura und ich 4 Nächte im Ferienlager gewesen. Das war schön. Wir haben uns vorher riesig gefreut und viele Pläne gemacht was wir so alles anstellen. Als wir dann angekommen sind, bin ich **sehnsüchtig** geworden. Und zwar schon am ersten Abend: Ich wollte wieder in mein Bett. Von meiner Mama zugedeckt werden und mit meinen Kuscheltieren zusammen sein. Und ich wollte das Essen von meiner Mama. Ich hatte noch nicht einmal Lust mit Laura zu spielen. Meine Sehnsucht nach Hause war zu groß.

*Opa sagt, das war Heimweh. Auch Heimweh ist eine Sehnsucht, denn da sehnst Du dich nach etwas was es deiner Meinung nach nur Zuhause gibt. Vertrautheit nennt man das auch, sagt Opa.*

*Und dann gibt es auch noch Fernweh. Das ist eine Sehnsucht in die Ferne, nach neuem und unbekannten, was halt in der Ferne liegt.*

*Das ist eine Sehnsucht nach Abenteuer und Freiheit.*

Ob das immer alles gleich weh tun muss? Heimweh, Fernweh. Jedenfalls meine Sehnsucht hat weh getan am Lagerfeuer. Ich war ganz traurig und überhaupt nicht hungrig. Oma sagt so etwas ähnliches, es klingt nur bestimmt besser für die Erwachsenen, deshalb versuche ich hier einmal für dich Kassettenrekorder zu spielen.

Also Oma sagt zu Sehnsucht folgendes:

Sehnsucht ist ein Bedürfnis nach etwas was *man sich sehr stark wünscht. Ein Wunschtraum, den jeder irgendwann in sich trägt. Dieser Wunsch kann sich immer mehr zu einem großen Bild formen, je nachdem wie groß das Verlangen wird. Meist liegen diesem*

*Wunsch ein oder mehrere Bedürfnisse, teilweise sogar großartige Werte, vor. Wenn der Mensch dann seine Sehnsucht ergründet und dabei seine Ängste überwindet, wird er den Weg der Erfüllung gehen. Dann wird der Wunschtraum ein Ziel und dieses erreicht. Das verwandelt dann die Sehnsucht in Glück und Zufriedenheit.*

Soweit klingt das eigentlich ganz einfach. Du hast eine Sehnsucht, merkst was los ist und fragst dich einfach was für ein Bedürfnis dahinter liegt (also was du wirklich willst). Dann, wenn du eine Antwort darauf von deinem Bauch oder auch im Traum bekommst, sagst du artig danke. Jetzt kommt aber erst noch die Angst. Manchmal groß wie ein Wolf, manchmal nur klein wie ein Eichhörnchen, die gehört dazu, sagt Oma. Das ist die persönliche Prüfung wie ernst es wirklich ist, etwas zu verändern. Und zum Schluss gehst du in diese Richtung oder tust das was du dir wünschst, so einfach ist das.

Leider, sagt Oma, ist es in der Realität nicht so ganz einfach. Die meisten Menschen trauen sich nicht nach ihren Sehnsüchten, Wunschträumen und Bedürfnissen zu fragen. Und da fängt das Dilemma schon an. Wenn du nicht nach deinen Bedürfnissen fragst, sind die ja nicht einfach verschwunden. Sie sind noch immer da und machen sich auch bemerkbar.

Wie? Oh, da gibt es viele Möglichkeiten.

Der eine wird nur traurig, der andere wütend, der dritte arbeitet sehr viel, damit er nicht mehr über andere Dinge nachdenken braucht. Dann gibt es Erdenbürger, die leider krank und kränker werden, chronisch krank oder sogar ganz schwer krank. Das ist dann sehr tragisch, denn mit zunehmender Krankheit rutscht die Sehnsucht mit den Träumen meist noch weiter weg, ins Unterbewusstsein.

Es gibt auch noch die Typen, die nur nörgeln. Sich ärgern, dass andere so viel machen und sie selbst fast gar nichts schaffen. Besonders bei so schönen und kreativen Dingen fällt das auf.

Manche Menschen sind sehr kreativ, die können ganz tolle Sachen malen, basteln, bauen, singen, tanzen, ... so schön, dass jeder glaubt er sei schon im Himmel. Oder man beim Betrachten oder Hören eine Gänsehaut bekommt ... und andere wiederum haben so gar keine Ideen. Das heißt aber nicht, dass sie nicht kreativ sind, nein, sie haben ihre Sehnsucht nur vergraben. *Ihre Träume haben sie geopfert und damit sich selbst die Flügel gestutzt, himmlische Dinge zu vollbringen.*

Diese Menschen verkrampfen meist sich wenn sie etwas Schönes machen sollen oder sie sagen sich und anderen, sie können das nicht (und sind dabei tief im Herzen traurig). Teilweise schimpfen sie sogar und werden richtig böse.

Das alles erzählt mir die Oma, damit ich ein bisschen mehr verstehe. All das können Sehnsüchte, Wunschträume und Bedürfnisse anstellen, wenn du sie nicht beachtest. Wie schon gesagt, du hast sie nicht weg, sie sind nur in eine andere Ebene geschoben und klopfen immer wieder an deine Tür. *Deshalb ist es so wichtig tief in seine Sehnsüchte zu schauen, die Angst aufzulösen und dann das Schöne aufsteigen zu lassen.*

Wieso sich so viele Menschen nicht trauen nach ihren Wünschen zu fragen? Da gibt es viele Gründe, meint meine Oma. Die meisten Menschen werden erzogen wie Herr Steb erzählt. Erzogen von den vorherigen Generationen:

Vernünftig sein, Verantwortung übernehmen, in Sicherheit leben, kein Risiko eingehen, etwas Anständiges lernen, die Flausen sich aus dem Kopf treiben, froh sein mit dem was man hat, …

Meist ist die Angst davor alleine zu bleiben und niemanden von seinen Träumen erzählen zu können sehr groß. Eine Angst, sich einsam zu fühlen, wo man mit keinem seine Träume und Sehnsüchte teilen kann. Und dass man ausgelacht, abgelehnt und ausgegrenzt wird aus der Gemeinschaft. Das ist noch eine weitere Angst. Es gibt ganz viele Formen von Angst und damit lähmt sich der Großteil der Menschheit. All das weiß meine Oma und noch mehr:

*Durch diese Angst werden Entscheidungen verdrängt und vor sich her geschoben. Damit werden die schönsten Sehnsüchte und Träume begraben.*

Und dabei ist das so schade, denn fast jeder hier auf dieser Erde hat eine Idee wie sie schöner, besser, liebevoller werden könnte.

Leider sagen die Erwachsenen nicht mehr so oft: ich hab Angst und ich tu's trotzdem - wie die Kinder. Die ′Großen′ trauen sich weniger zu! Das ist so traurig mit an zu sehen. Mit dieser Einstellung vergeuden sie wertvolle Zeit und ihr gutes Potential.

Was wäre wohl aus Herr Steb geworden, wenn er anders erzogen wäre? Was der wohl für Träume hatte? Vielleicht hat er sie noch gar nicht so tief vergraben? Wenn er einen Grund findet, holt er die vielleicht doch noch mal wieder raus?

Und das Potential ist oft nur tief vergraben, weil die meisten Menschen nicht mehr im Training sind. Sie sind nicht bereit, den sicheren Boden zu verlassen und im Notfall auch mal eine Schlappe einzustecken.

Die Menschen sehen oft nur was alles passieren kann, also die Probleme, und weniger, welche Möglichkeiten sich mit neuen Situationen erschließen. Und dann wird's immer trauriger und dunkler: Die Lebensenergie nimmt ab, die Qualität des Lebens verliert ihre Kraft, das Glück bleibt demnach aus und die Freude am Leben verschwindet stetig.

Das erste was ich nun denke, nachdem ich all das gehört habe, ist: **So, will ich nie werden!**

Ich will IMMER nach meinen BEDÜRFNISSEN leben. Ich will stets Träume haben und natürlich diese WEH-Süchte.

Auch wenn es dann mal schwer wird und mich einer auslacht, na und? Es gibt doch so viele Menschen auf der Welt, schon alleine hier in der Straße. Da lachen bestimmt nicht alle über mich. Ich will dieses Kribbeln im Bauch und dabei das warme Gefühl, wenn Opa mich mal wieder wie ein Teddybär hält. Ich will immer gesund sein. Okay manchmal ein Schnupfen oder ein Fieber ist auch mal ganz gut, dann brauch ich nicht in die Schule gehen und darf in Mamas Bett fernsehen. Aber so richtig doll krank oder böse möchte ich nicht werden.

Wenn ich an Herrn Steb denke, gruselt's mich jetzt noch. Der war bestimmt nicht gefüllt mit Freude am Leben.

Und Frau Wiebe hat sie auch nicht mehr so wirklich jetzt. Die ist ja mit dem Bein schon so lange krank, vielleicht hat sie diese Energie nicht mehr.

Und dann meine blöde Schwester, die lacht mich doch eh ständig aus, da mache ich mir schon gar nichts mehr draus. Soll sie doch, lach ich eben mit, haha.

Dafür haben Mama und Papa, Oma, Opa und Laura mich lieb. Da hab ich keine Angst. Vielleicht ein bisschen bei Laura, aber nicht so viel.

Und ganz bestimmt gibt es noch viele andere Kinder und Menschen, die mich lieb haben, an die ich jetzt überhaupt nicht denke. Oder besser noch, ich kenne ja noch gar nicht alle Menschen. Wie soll ich da behaupten die lachen mich aus?

**Sehnsucht ist etwas Tolles findest du nicht?**

Es ist wie der alte Kompass von Opa, der weiß auch immer wo es hingeht. Und wenn du ihn mal verdrehst ist es gar nicht so schlimm. Der findet sich stets zurecht. Mit ein bisschen Übung habe ich beim letzten Zelten auch schon wieder den Weg nach Hause gefunden. Es ist nicht so schwer. Im Notfall kann ich ja auch irgend wen fragen. Jemand, der schon öfters einen Kompass benutzt hat und weiß wie man den Weg findet.

Mit Sehnsucht ist alles ganz einfach … Du brauchst doch eigentlich nur loszulaufen, denn diese BEDÜRFNISSE zeigen dir den Weg.

*Wenn du krank wirst oder wütend oder traurig, frag Dich einfach: Was ist los? Dann antwortet dein Bauch und schwupps, holst du den Kompass raus, orientierst dich daran und gehst wieder auf den richtigen Weg. Ganz einfach!*

*Damit füllt sich deine Lebensenergie, die Lebensquallen bekommen Kraft, und die ganze Lebensfreunde kommt auch wieder zurück. Ganz zum Schluss bist du dann wieder glücklich und zufrieden.*

Klingt doch einfach, oder?

Oma hat mir noch ein Geheimnis verraten, bevor sie in die Küche gegangen ist und eine Hühnersuppe zum Mittagessen macht:

*ALLE menschlichen Wesen können ihre Sehnsüchte wieder leben lassen. Das geht immer und in jedem Alter. Manchmal gibt's halt ein bisschen mehr zu graben und freizulegen. Jeder kann an seinem Glück arbeiten, ganz egal wie alt er ist – er muss es nur wollen; WIRKLICH wollen. Alles andere ist Training und Übung, das mit den mentalen Strategien.*

So, jetzt hab' ich aber erst einmal Sehnsucht nach Omas vollen Töpfen hier …

Ich will jetzt Hühnersuppe und danach die leckeren Waffeln, die Oma immer samstags macht. So ein Denken und Wollen kann ganz schön hungrig machen. Wenn du willst, treffen wir uns hier gleich wieder und entscheiden zusammen was wir jetzt als nächstes tun.

## 6. Die Entscheidung

Omas Hühnersuppe ist die Beste. Ich fühle mich ganz stark für Entscheidungen. Die Oma sagt, eine Hühnersuppe ist reine Medizin. Sie nährt Leib und Seele und gibt Kraft. Aber nur wenn die Suppe nicht aus einer Tüte kommt und in fünf Minuten fertig ist. Omas Töpfe kochen immer den ganzen Morgen und wie auf Bestellung sind sie dann zum Mittagessen fertig. Als ob die Suppe eine Uhr im Kochtopf hat. Ja, und damit fühl ich mich jetzt in meinem Kopf und in meinem Bauch so richtig wohl. Zum Nachtisch gibt es samstags immer Waffeln.

Opa und ich malen dann mit Schokoladensoße Sonnen und Blumen auf unsere Waffeln. Der Deckel hat so eine Spitze wie ein Kuli. So hat der Opa mir geholfen das ABC zu lernen. Wir haben Brote mit Butter beschmiert und dann mit Schokosoße die Buchstaben draufgemalt. Wenn die Buchstaben falsch sind, merkt das auch keiner – da musst du halt einfach schneller essen.

So, nun aber zu der Scheidung. Hast du dich geschieden? Ich hab´s beim Mittagessen getan.

Als ich meine Sonne gemalt habe war auf einmal alles ganz klar:

## ICH WILL GLÜCKLICH SEIN
## ICH WILL DAS GANZ WIRKLICH DOLLE

Und ich werde mit Oma und Opa das GLÜCK trainieren. Die beiden habe ich so lieb. Die sind wirklich meine besten Experten. Ich glaube, bessere Glücksexperten finde ich nicht für mich. Bei Oma und Opa fühle ich mich einfach wohl und vertraue ihnen. Dann wird schon alles gut.

Opa hat so schöne starke Kuschelarme und eine große Schokoladenkiste. Und Oma? Ja, die Oma, die ist ja sowieso der Glücksexperten-Kompass. Oma hat so ganz viele Kartons an der Wand in ihrer anderen Wohnung, Praxis nennt sie das, darauf steht:

Die Oma hat mit Auszeichnung die Fortbildung: Blablablabla bestanden. Nein, die nennen Sie nicht Oma, das ist doch meine Oma. Von diesen Kartons hängen ungefähr sieben Stück an der Wand.

Das ist ganz schön viel. Oma ist ja auch sehr klug. Oma sagt, sie hat ja auch sehr lange in ihrem Ruf gearbeitet, mindestens.

Und ganz viele Leute rufen sie jetzt immer noch zu Hause an und wollen zum Kaffeetrinken kommen. Manchmal kommen die dann auch, ganz viele auf einmal. Oma nennt das ihren GLÜCKSZIRKEL.

Da sind Leute dann hier im Haus, denen sie früher als Kompass geholfen hat und die jetzt immer mal wieder einen Tripp brauchen.

Oma spielt dann für 2 Stunden abends wieder Kompass und dann ist gut. Opa verzieht sich vorher schnell mit seiner Pfeife und einem Glas Wein in sein Musikzimmer und hört seine ZEDEES. Dem ist das alles zu viel glaube ich. Also mit den beiden traue ich mich das WIRKLICH mit dem Glückstraining. Das ist mein **samstags-bei-Oma-Glückstraining.** Ich freue mich und ich hab auch Angst davor – ein bisschen wenigstens.

Das Abenteuer klingt zwar schön, doch wenn ich anders werde, weiß ich nicht, ob ich mich dann noch erkenne. Ich mag mich vielleicht dann nicht mehr so wie jetzt, weil ich ja anders geworden bin.

Oma sagt dazu nur, dass sei ganz normal. Ich hätte nur Lampe. Ein wenig Angst gehört dazu, dadurch ist der Körper und der Geist offen etwas zu verändern und bereitet sich schon tüchtig vor. Aladin hat ja auch so einen Flaschengeist in der Lampe. Ob mein Geist genauso aussieht? Vielleicht erfüllt der mir dann auch ´Wünsche´? Das macht mich doch jetzt wieder neugierig auf diesen Geist. Oma sagt auch noch, ich brauche keine Angst zu haben. Wir trainieren nicht zu schnell. Sie passe sich meinem Tempo an. Es geht ja schließlich um mich.

Das ist doch schon einmal beruhigend, denn **Papa** hat mich vor kurzem fürchterlich gejagt. Und immer wieder sagte er: „Los jetzt mach' mal ein bisschen mehr Tempo, du lahme Ente". Das finde ich gemein zu jemand kleineren und schwächeren zu sagen.

Der hat gut reden – mit **den** langen Beinen könnte ich auch schneller laufen. Aber ich werde auch noch groß. Wenn ich jetzt hier mit Oma und Opa trainiere, bin ich vielleicht sogar bald sehr viel schneller als er. Auch wollen meine lieben Großeltern Mama und Papa Bescheid geben.

Nichts genaues, nur dass ich ein wenig mit ihnen für die SCHULE DES LEBENS samstags trainiere – bis zu den Sommerferien ungefähr.

Denn Oma sagt, so ganz genau braucht das keiner zu wissen, es sei ja schließlich meine Entwicklung. **Ich** darf entscheiden wer was und wann erfährt. Sie beide würden jedenfalls ein Pflaster auf dem Mund haben, wenn sie gefragt werden was ich so wirklich mache. Oma sagt, wir könnten auch gerne darüber einen Vertrag machen – so hat sie das auch immer bei ihren Klienten gemacht. Das brauche ich nicht. Da muss ich ja so viel lesen … nö, das habe ich schon genug.

Dann soll ich auch wirklich jeden Samstag da sein, außer ich bin in echt krank. Dann geht's natürlich nicht. Aber in diesem Falle solle ich wenigstens anrufen und so früh wie möglich absagen.

Am besten am Donnerstag oder Freitag schon, denn Oma und Opa nehmen sich den Samstagvormittag nur für mich und das Training frei. Die machen schließlich extra für mich keine anderen Verabredungen und gehen auch schon freitags einkaufen. Das alles machen die für mich, da solle ich das Training auch bitte ernst nehmen und mich WERTSCHÄTZEND ihnen gegenüber verhalten.

Ich weiß zwar nicht so genau was das ist, aber ich mach's, denn Oma und Opa machen auch viel für mich – so viel habe ich verstanden. Und ich will wertschätzen – nicht nur mit Oma und Opa.

*WERTSCHÄTZEN gibt ein gutes Gefühl.* Abends beim Beten kann ich das auch gleich mit aufsagen.

Gibt vielleicht Pluspunkte für den Weihnachtsmann, man weiß ja nie!

Ganz zum Schluss wäre da noch die Sache der Bezahlung erwähnt. Oma, die ist ein echter Profi. Jetzt wird's unangenehm. Oma sagt, das ist sehr wichtig. Das GLÜCKSTRAINING ist für sie Arbeit. Ich soll das auch wirklich ernst nehmen. Und sie braucht das Gefühl, ich sei ihr Klient.

Oma verspricht mir, sich dementsprechend richtig vorzubereiten wie früher in ihrer Praxis. Sie will mich gut beraten. Sie will für mich 100 Prozent bei allem geben, was sie weiß und für mich gut findet – und dafür braucht sie eine Bezahlung.

Auch als Wertschätzung Ihrer Zeit. Und damit sie auch wertschätzend mit mir umgeht und mich mit meinen Sorgen ernst nimmt. Da ich ihr Enkelkind bin, hat sie eine besondere Idee, ausnahmsweise. Normalerweise hat sie einen Stundenhonorar, den jeder Klient anerkennt oder halt nicht mit ihr arbeitet.

Ich, nun, soll mir selbst eine Bezahlung einfallen lassen. Diese Bezahlung soll auch ein kleines bisschen schwirig für mich sein, nicht so ein Babykram und ein klein wenig „weh tun". Damit es ernst gemeint ist.

Als erstes fällt mir ein, dass ich ja mal für sie zum Zahnarzt gehen könnte. Der tut immer weh, zumindest mir. Ich glaube aber, so meint sie das nicht.

Dann fällt mir was ein. Oma mag es, wenn ich ihr vorsinge. Das könnte ich tun und noch für sie Einkaufen gehen – von mir aus auch zu dem ollen Herrn Steb, wenn sie unbedingt will.

Das tut nun wirklich weh. Ja, und dann mache ich ihr diesen Vorschlag. Ich gehe freitags für sie zu Herrn Steb und Frau Wiebe einkaufen und bringe ihr die Sachen vorbei **und** singe ihr samstags noch 3 Lieder vor. Die darf sie sich sogar aus meinem Buch aussuchen. Dann könnte es ihren Ohren „weh tun", aber wenn sie das so will, bitte schön.

Sie will, lächelt mich an und sagt: „Gloria, damit sind wir im Geschäft. Ich denke wir sollten gleich nächsten Samstag anfangen. Damit ich es nicht vergesse, trage ich mir den Termin gleich in meinen kleinen Terminkalender ein. Bitte mach´du das auch bei dir in deinen.

Wir fangen nächste Woche Samstag um 9 Uhr an". Jetzt ist es entschieden ... es geht los. Und ich fühle mich wunderbar leicht dabei. Vielleicht wird es ja ganz furchtbar schwer und ich kriege viele Hausaufgaben. Oder ich kann das alles nicht, stelle mich blöd an und verstehe nix. Dann drehen sich bestimmt wieder mein Kopf und alles andere wie beim Karussell. Aber ich versuch's, denn irgendwie fühle ich im Bauch dieses GUTE KRIBBELN, ohne dass die Füße gleich schnell weglaufen wollen. Und ich habe entschieden und damit ist Ruhe. Damit kann ich gut schlafen.

Alles andere warte ich ab und verbuddle es im Notfall noch ein paar Mal mit Oskar im Kartoffelbeet.

Für dich hoffe ich, dass auch du dich entschieden hast. Es ist wirklich nicht so schwer. Alles was jetzt kommt ist bestimmt noch besser. Es wäre sehr, sehr schön, wenn du mich nicht alleine auf diesen Weg gehen lässt und mich begleitest.

Sicherlich hast auch du manchmal Angst davor was alles so kommen kann. Da bin ich mir schon sicher. Mein Herz kann das sehr gut spüren. Ich bin nämlich noch ein Kind und Kinder können gut mit dem Herzen sehen und fühlen. Dann schauen wir dir dazu in die Augen und wissen was Sache ist. Meistens sagen wir nix, denn die Erwachsenen sind nun mal größer und stärker. Wissen tun wir es trotzdem, wir Kinder sind klug und weise.

Es kommt sicherlich vieles was weder du noch ich jetzt wissen können und das ist gut so. Denn wir beide werden das **GLÜCK** schaffen. Du und ich können diesen Weg gemeinsam gehen:

Uns erzählen wie es sich anfühlt neues zu lernen und auch zu trösten, wenn es mal traurig wird. Zusammen lachen und uns freuen über die Erfolge.

*Stell dir doch nur einmal vor wir gehen bald glücklicher durch die Welt. Welch ein buntes, lustiges Leben das wird, jeden Tag.*

*Was für ein Spaß!*

*Das möchten dann ganz viele andere Menschen nachmachen, klar, denen können wir dann schon eine Menge erzählen und auch zeigen. Wir beide, du und ich, können diese Welt verändern, jeden Tag ein kleines bisschen mehr.*

*Dann ist diese Welt schöner, glücklicher und harmonischer.*

*Nur ein kleines bisschen, täglich, ...*

*Das ist meine große Sehnsucht!*
*Das ist meine Entscheidung!*

## 7. Das Glückstraining beginnt ...

Heute geht es los. Ich freue mich schon und hab gar nicht viel geschlafen. Bin auch gar nicht mehr müde und laufe ganz schnell zu Oma und Opa. Ich bin gespannt wie ein Flitzebogen was jetzt heute so alles wird. Bestimmt kann ich schon morgen das ganze Glücklich sein! Wenn ich mich jetzt ganz dolle anstrenge und aufpasse und keine Fehler mache, dann klappt das bestimmt.

„Guten Morgen, Gloria", sagt Oma beim Tür öffnen, „schön, dass du so pünktlich kommst. Ehrlich gesagt habe ich schon ein bisschen damit gerechnet, dass du lieber mit Laura an den Bach gehen willst statt hierher zu kommen."

Ich glaube Oma kann hellfernsehen. Ich will nämlich wirklich beides: Glück lernen und mit Laura spielen. Das ist wieder so ein Lämmer. Jetzt bin ich hier und Punkt. Ich mach das jetzt. Ich habe entschieden und gut ist.

„Okay, fangen wir gleich mal an. Damit du ein bisschen Einblick bekommst werde ich dich jetzt ein wenig mit Stoff füttern, okay?

Du gibst mir einfach ein Zeichen wenn es zu viel wird für dich. Fragen darfst du natürlich jederzeit stellen. Ich beantworte sie, wenn ich es für richtig halte sofort – oder erst am Ende dieser Lektion, alles klar?" fragt sie mich.

Yep, das habe ich verstanden.

Und dann legt Oma los ...

Das Glückstraining sei grundsätzlich für die Erwachsenen, denn die merken halt irgendwann, dass nicht alles so glücklich läuft in ihrem Leben.

Kaum ein Mensch würde zurzeit ein Glückstraining präventiv absolvieren, leider. Die Trainings sind immer noch mit Esoterik belegt und das halten die Menschen leider für Hirngespinste.

Die Menschheit braucht immer noch bei fast allem einen Leidensdruck. Der kommt auch oft erst im Laufe der Jahre:

Dann, wenn die Menschen glauben etwas verpasst zu haben oder so völlig neben dem eigentlichen Leben zu leben. *Auch Zeitdruck entsteht in der Zeit, wenn wir hier auf der Erde merken, dass wir nicht das tun, was für uns wichtig und richtig ist.*

Aber das würde jetzt viel zu weit greifen, erzählt Oma weiter, für mich wäre das ja eine rein präventive Arbeit, und ... für den Anfang würde das abgespeckte Training vollkommen für mich reichen. Später müsse man sehen, wie ich damit umgehe und was ich davon wirklich dauerhaft umsetze.

Wenn ich älter bin und Lust habe weiter mit dem Glückstraining zu machen, schicken Oma und Opa mich dann lieber in ein Trainingscamp zu ihren Freunden.

Die üben dieses Training ganz oft mit vielen Menschen, in einer richtigen Gruppe. Bis dahin jedenfalls werden mich meine Oma und mein Opa jederzeit unterstützen – wenn ich das will!

Toll, oder? Jetzt kommt was Spannendes:

Es ist halt eine Lebensschule dieses Glückstraining. Ich kann gut sein – und niemals perfekt. Gut reicht mir schon, denke ich. Ich will immer gut sein in allem, perfekt sein brauche ich nicht unbedingt. Das ist mir nämlich zu anstrengend und eigentlich geht das auch gar nicht wirklich, finde ich.

Da habe ich auch schon eine ERFAHRUNG gemacht:

Einmal wollte ich ganz super gut meine Hausaufgaben machen und besonders schön schreiben. Und ganz zum Schluss hab ich dann doch noch einen Tintenklecks gemacht. Ich hab' mich **so** geärgert. Ich war so richtig wütend. So sauer, dass ich beinahe das Heft zerrissen hätte. Und dabei waren die ganzen drei Seiten vorher schön geschrieben und ohne Kleckse. Das habe ich in meiner Wut völlig vergessen. Ist das nicht besonders doof von mir gewesen?

Mama sagt, das passiert nur wenn man perfekt sein will. Dann vergisst man all das Schöne vorher was schon war und konzentriert sich nur auf diesen einen Klecks am Tag. Und dabei bin ich noch ein Kind – normalerweise machen solche Sachen doch lieber die Erwachsenen. Ich meine das PERFEKT SEIN und sich über Tageskleckse aufzuregen und ganz dolle wütend werden.

Papa hat sogar mal einen Hammer aus der Garage geworfen, weil er einen Tagesklecks gemacht hat. Da hab' **ich** dann mal den Kopf geschüttelt und „tststs" gemacht.

Aber zurück zu Oma hier und meinem Training. Hab' ich alles verstanden? Ich glaube schon. Es kann losgehen. Zuerst machen wir **einen Plan** wie das jeden Samstag sein soll.

1. Zusammen frühstücken, Schokolade trinken und erzählen wie ich meine Hausaufgaben

gemacht habe. Und, ganz wichtig, was mir entweder besonders viel Spaß gemacht hat oder gar keinen. Vor allem aber soll ich mir ab sofort kleine Notizen machen, was mir alles an Veränderungen auffällt: an mir, wie Laura jetzt mit mir spielt, ob Mama und Papa was zu mir sagen, wie viel Energie ich so beim Spielen habe ...

2. Jede Woche nehmen wir uns ein besonderes Thema heraus, das mir hilft am Ende von 10 Wochen ein Bild entstehen zu lassen. Jede Woche gibt es dazu einen Baustein (ist anscheinend wie puzzeln).

3. Damit sich diese Bausteine auch in meinen Kopf einprägen und mir nützlich sein können, werden Oma und Opa mir kleine Sportübungen und Entspannungsübungen zeigen. Die mache ich dann jeden Morgen zuhause.

4. Das wichtigste wäre allerdings meine Einstellung zum Glückstraining. Ich bin freiwillig hier, weil ich etwas dazu lernen will. Keiner hat gesagt ich bin unmöglich und müsse das jetzt deshalb machen. Weder Mama und Papa hätten mich nicht mehr lieb, wenn ich nicht ab sofort ein Glückstraining bei Oma belegen würde. Nein, alles ist freiwillig und dient dem alleinigen Nutzen meiner persönlichen Weiterentwicklung. Wie es

ausgeht steht noch in den Sternen (ob ich da mal hochschauen soll?). Egal was kommt, es wird gut für mich sein.

Das Training soll **mir** Spaß und **meinen Geist** neugierig machen auf all das Neue was in mein Leben eintritt. Mehr zu diesem Thema gibt's an entsprechender Stelle sagen beide und schauen sich bedeutungsvoll an. Die haben bestimmt so **einige** Geheimnisse vor mir, glaube ich. Jedenfalls funkeln die beiden sich gerade wie Sterne an. All das teilen mir beide sehr feierlich mit. Jetzt fehlt nur noch der Schampignon zum Anstoßen. Na, wir prosten uns heute einfach mit der Schokolade zu. Als Abschluss des heutigen ´Tagestrainings´ soll ich jetzt in den Garten zu Oskar gehen und mich wieder ein bisschen verbuddeln – oder verwurzeln.

Huch, es ist tatsächlich schon so spät. Wir haben 2 Stunden miteinander geredet. Die Zeit verfliegt ja, gar nicht wie in der Schule wo ich manchmal am liebsten den Zeiger anschubsen würde und ganz oft die Augen verdrehe.

„Wieso geht das so schnell mit der Zeit hier?" frage ich Opa draußen im Garten.

„Ganz einfach", erwidert Opa „erstens interessiert dich das hier, zweitens weiß Oma wie sie deine Konzentration bei der Stange hält und drittens macht es doch Spaß etwas Neues zu lernen, oder? Das ist für mich auch immer aufregend und spannend, wenn wir etwas Neues zusammen angehen.

*Es ist stets ein Aufbruch in neue Welten und zusätzliche Energiefelder. Das ist für mich viel interessanter als jeder Krimi – das hier ist das wahre Leben."*

Ja, wenn das hier das wahre Leben ist und interessanter als Opas Krimis, dann will ich viel von dieser neuen Welt und den Energiefeldern. Denn beim Fernsehen hab ich ein Limit von Mama bekommen: Eine Stunde am Tag, mehr nicht.

Opa gibt mir noch einen kleinen Tipp für die kommende Woche. Ich könne ja schon einmal eine **kleine Liste** machen, was ich denn so alles in meinem Leben erreichen will. So eine Wunschliste wie für den Weihnachtsmann eben - nur halt jetzt im Frühling:

*Wie ich leben will? Und auch wo später einmal? Mit wem befreundet? Wie ich mein Geld verdienen will? Wohin ich reisen möchte? Und ob ich eine eigene Familie haben will? Lauter solche Sachen halt ...*

Vielleicht hast ja auch du so eine Oma oder wenigstens eine Tante oder Schwester, die mit dir trainiert? Oder hast du schon eine Freundin?

Wenn nicht machen wir es ganz einfach so:

Du kannst ja mit mir mitmachen...

Wir zwei malen einfach auch so einen Vertrag wie ich mit meiner Oma. Alles was ich lerne, erzähle ich dir brühwarm direkt danach.

Dann kannst du mitmachen – wenn du willst. Ich helfe dir auch, falls du mal nicht weiter weißt oder etwas vergisst. Ich bin echt gut, die Laura darf doch auch immer abschreiben. Und wenn sie krank ist bringe ich ihr die Hausaufgaben mittags vorbei.

So machen wir zwei das auch. Ich bringe dir die Hausaufgaben von Oma und Opa mit und erzähle dir dabei was Oma mir für Tipps gegeben hat.

Und du übst auch zuhause und in der nächsten Woche sprechen wir darüber gemeinsam. Wie Oma und Opa vorher mit mir.

Nur, deine Schokolade machst du dir bitte selbst – das kann ich noch nicht ganz so gut wie

Oma. Vielleicht kann ich das ganz bald in der neuen Welt dann. Lass' Dich überraschen, alles wird gut - auch die Schokolade ☺

Also abgemacht?

Dann kannst du ja auch schon mal überlegen was **du** so alles willst? Und wie **du** werden willst? **Wo** leben und mit wem? Einfach mal aufschreiben, ohne besonders schöne Worte zu nehmen, auch ruhig mit Tintenklecksen und ohne Schönschrift.

Opas Tipp: Überleg´ einfach einmal, was richtig **schön** in deinem Leben schon war. Wo du dich so **wirklich** wohlgefühlt hast (mit tiefem Seufzer und so).

Und auch, was du dir schon immer mal gewünscht hast – nur vor lauter Denken und Arbeiten nicht gemacht hast – bis jetzt!

Denn jetzt helf´ ich dir dabei. Ja, ich, Gloria…du wirst schon sehen …

Also, mal´ deine Liste …

Wir sehen uns, ich bin gespannt was **du** so alles anstellen willst und welche Träume **du** noch hast.

Tschüss, bis nächste Woche.

## 8. Ziele …
## (was und wie will ich sein)

Also was ist jetzt? Du bist wieder da … und deine Liste? Wie sieht die aus?

Ich bin so gespannt auf heute Morgen bei Oma, dass ich dir ganz schnell erst einmal von meiner Liste erzählen werde. Dann kannst du dir noch überlegen, welche ZIELE, WÜNSCHE und TRÄUME du hast.

Es ist ja noch ganz früh und alle schlafen. Ich muss also mucksmäuschen still reden, sonst wachen Mama oder Papa auf. Oder meine blöde Schwester, nein, ich sag' nicht mehr blöd, denn das habe ich meiner Liste versprochen. Wenn ich blöd sag', antwortet sie doof, ich dann dumm, usw. und das ist wirklich dumm. Denn eigentlich mag ich sie auch ein bisschen – es wäre richtig langweilig ohne sie bei uns zu Hause. Als sie letztes Jahr auf Klassenfahrt war, hab' ich richtig Sehnsucht nach ihr gehabt. Sie fehlt mir dann.

Darüber und noch über viel mehr hab ich so nachgedacht diese Woche. Auch nicht richtig! NACHGEDACHT, dass hört sich so nach Grübeln an. Das war es aber nur ganz am Anfang der Woche, später haben sich die ZIELE und TRÄUME einfach von alleine gedacht. Die purzelten nur so aus meinem Stift. Und ich hab' sie dann einfach jedes Mal aufgeschrieben.

**Hier meine Liste:**

1. Schwester nicht mehr ärgern und sie blöd nennen!

2. Mit Laura Blödsinn machen, der keinem weh tun und nicht gefährlich ist.

3. Mama und Papa mehr zum Lachen bringen und mit ihnen spielen (das ist echt schwierig, denn die sagen oft sie haben zu viel Arbeit).

4. Oma und Opa weiter beim Einkaufen helfen, vielleicht auch mal Frau Wiebe, der Bäckerfrau mit dem kaputten Bein ...

Und jetzt wird's spannend:

5. Ich will glücklich sein lernen und später anderen zeigen wie man glücklich wird - wenn ich groß bin.

6. Ich will Geld verdienen und ein tollen Haus wie ein Schiff besitzen, mit einem großen Garten, wo Vögel wohnen und es ganz viel Erdbeeren zum Naschen gibt.

7. Ich will mit dem Flugzeug fliegen, an ganz vielen verschiedenen Stränden Muscheln sammeln und diese zu Hause in ein Schatzkästchen legen. Dann weiß ich, wenn ich selbst eine Oma bin, wie oft ich am Strand im Urlaub war. Ich brauch nicht überlegen, einfach nur die Muscheln zählen.

8. Ich will mit Laura in den Sommerferien zelten fahren.

9. Ich will mir eigenes Taschengeld verdienen, damit ich immer wenn ich Lust habe eine Schnuppeltüte bei Julia kaufen kann, (womit weiß ich aber jetzt noch nicht).

10. Ich will nie ins Krankenhaus müssen, da stinkt es so komisch und es ist mir alles unheimlich dort.

So, Opa hat letzte Woche gesagt 8 oder 12 Punkte auf der Liste reichen. Die Liste kann ja jederzeit weitergeführt werden. Ich hab' zehn Punkte und ein Ausrufezeichen –das lässt er bestimmt gelten.

Jetzt hab ich dir aber ganz schön was vorgesagt. Wenn du deine eigene Liste noch nicht gemacht hast, wimmelt dein Kopf jetzt bestimmt vor lauter Ideen. Wahrscheinlich hast Du auch einfach nur so ein „Gezeitenproblem" wie Mama oder Papa? Und immer so viel anderes zu tun? Dann lass´ ich dich halt ein bisschen abschreiben. Du solltest die Sätze dabei ein wenig verdrehen – sonst fällt es auf ☺

Ich gehe jetzt zu Oma und Opa und mache weiter.

„GLORIA", ruft Opa schon aus dem Fenster, „komm´ einfach gleich in den Garten zu mir, da fangen wir heute an". Huch, als ich zu Opa in den Garten komme, sitzt er so komisch verdreht da.

Hat der sich vielleicht weh getan? Oder ein Bein gebrochen? Der sieht so verknotet aus... und er lächelt sogar. Dann **kann** es ja nicht so ganz schlimm sein.

„Opa", frage ich ihn, „was MACHST du da auf dem Boden?" „Oh, das ist eine der Übungen, die wir dir zeigen bei dem Glückstraining.

Ich dachte mir heute Morgen beim Zähneputzen, ich zeig sie dir gleich einmal wenn du ankommst. Komm' mach einfach mal mit. Das macht den Kopf leer, steigert die Konzentration und nennt sich: STILLES QI GONG.

Leg' deine Ziele einfach erst einmal zur Seite.

Es ist schön, dass du dir dafür so viel Zeit genommen hast – nur der Inhalt ist für mich zunächst nicht so ganz wichtig. Für dich schon, denn es sollen ja deine Ziele werden.

**Ich** achte nicht darauf, dass du sie einhältst – das solltest du schon langsam selbst übernehmen – du bist ja schon groß.

*Die Verantwortung für sich selbst zu übernehmen ist einer der Schlüssel für Glück!*

*Jeder ist schließlich sein eigener GLÜCKSschmied.*

Und jetzt komm´! Mach´ einfach mit so gut es geht …"

## 9. Konzentration …
## (alles raus aus dem Kopf)

Ich bin so erstaunt den Opa verdreht auf dem Boden neben seinem Lieblingsapfelbaum sitzen zu sehen, dass ich überrumpelt direkt neben ihn plumpse und dieses STILLE KING KONG da mitmache.

Denkste! Als ich erst einmal (gefühlte) zwei Minuten so sitze mit den verknoteten Beinen, schießen mir alle möglichen Gedanken durch den Kopf:

Hey, ich hab´ mir solche Mühe gegeben mit der Liste und jetzt will sie Opa nicht gleich sehen. Das finde ich doof, dann hab´ ich mich ja umsonst angestrengt und werde gar nicht gelobt von ihm.

Und ich bin auch noch ohne Frühstück und Zähneputzen hier neben Opa … das ganze Gras kitzelt mich an den nackten Beinen, … hoffentlich fällt mir kein Apfel auf den Kopf jetzt, … wie lange soll ich hier jetzt noch sitzen? … Mach ich die Augen zu oder lieber auf, darf ich mich bewegen? Ist das jetzt gut und richtig, wie ich sitze?

Und so geht das als weiter, bis ich nicht mehr kann vor lauter Kribbeln in den Beinen und

Schmerzen im Rücken. Ganz leise stehe ich auf und gehe in die Küche zu Oma.

In der Küchentür stehend frage ich mich immer noch, wie Opa das so lange aushält da unterm Apfelbaum: „Oma, wie lange macht Opa dieses King Kong da eigentlich jetzt noch?"

„Was macht er?", erstaunt schaut Oma in den Garten. „Na dieses stille King Kong oder wie das heißt" ,sage ich und zeige dabei in den Garten.

„Ah, jetzt weiß ich auch was du meinst. Das heißt Qi Gong", erwidert Oma und lacht ein klein wenig, „so ganz genau weiß ich das nicht, das ist Tageslaunen abhängig. Meistens dauert es 20 Minuten morgens.

Das ist seine Art den Tag zu beginnen, mit einer Meditation aus Dehnübungen, Dankbarkeitsgedanken und Achtsamkeit.

Ich denke, er wird dir das gleich selbst gerne erklären wollen. Lass' uns schon einmal den Frühstückstisch decken."

Opa kommt tatsächlich wenige Minuten später aus dem Garten und drückt mich erst einmal fest an die Brust. „Na Gloria", fragt er, „wie war dein erster Eindruck von Qi Gong?" Ich bin erzogen worden ehrlich zu sein, deshalb antworte ich hier auch ganz ehrlich meinem Opa: „Es war nicht schön. Mit den Augen zu sind ganz viele Sachen in meinen Kopf gekommen, die ich gar nicht wollte und meine Beine haben gekribbelt. Der Rücken hat auch weh getan und es war langweilig. Ich wollte ja was lernen und nicht nur einfach rumsitzen."

„Das ist die erste Lektion für deine Konzentration", meint Opa, „ich weiß, es ist nicht einfach und ich weiß auch, dass du es schaffst. Dies ist alles nur eine Frage der Zeit und der Übung. Ich unterstütze dich dabei ...

Damals, bei meinem Einstieg in diese Übungen war ich genauso ungeduldig wie du jetzt. Ich wollte einfach Erfolge und zwar so schnell wie möglich.

Aber es gibt nun mal keine Abkürzungen im Leben. Mittlerweile ist es die beste Methode für mich den Tag zu beginnen. Vielleicht brauchst du erst noch ein paar sportlichere Bewegungen für deinen Geist und Körper. Das findet sich alles in den nächsten Wochen. Nur die Ruhe ..."

Und dann erklärt er mir ganz viele interessante Dinge, die alle miteinander zusammenhängen:

- Der Geist beherrscht den Körper.

- Die Gedanken lassen sich lenken, mit Übungen und viel Training.

- Man kann immer nur an eine Sache gleichzeitig denken, jedoch an viele ganz kurz hintereinander - ohne Pausen. Das allerdings strengt den Geist an, erschöpft ihn.

- Um den Geist auf eine Sache zu konzentrieren, braucht es einen freien Kopf.

- Dies nennt man „Leere"-Zustand.

- Der Geist kann sich nur in der Leere wirklich erholen und wieder neugierig werden.

- In diesem Zustand ist der Geist dann bewusst und leicht auf eine Sache zu lenken. Dies geschieht auch mit Übungen und Training.

- Für Veränderungen und neue Herausforderungen brauchen wir alle einen erholten, neugierigen Geist. Mit einem aufgetankten Geist kommen gute Ideen und wir sind dann bereit diese in die Handlung umzusetzen.

- Diese Handlung wiederum gibt uns Zufriedenheit und GLÜCKSGEFÜHLE.

*Die Qualität der Konzentration auf eine Sache ist also die Fähigkeit den Kopf*

*a. leer zu machen und b. sich dann eine Sache bewusst in den Kopf zu holen. Wird der Geist dabei nicht bewusst geführt, überfordert er sich selbst. Er, der Geist, versucht dann an alles gleichzeitig irgendwie zu denken (also im Geist `zu machen`). Dies schafft er nicht wirklich und erschöpft.*

*Damit ist der Geist demotiviert und der ganze Mensch gleich dazu.*

Jetzt erkläre ich das mal, einfacher:

Mach den Kopf leer durch King Kong oder andere Übungen und dein Kopf-Flaschengeist ist glücklich. Du kannst nur eine Sache wirklich denken und die bestimmst nun mal du! Also kannst du dich auch gleich mit deiner Lieblingsbeschäftigung zusammentun…. Falls du dann doch mal noch irgendwann etwas anderes machen sollst, dann klappt das viel einfacher.

Du hast ja sowieso Übung wie du a. erst alle Denke aus dem Kopf bekommst (LEERE) und dir dann b. BEWUSST die eine Sache in den Kopf holen (KONZENTRATION).

*Der Kopf ist nicht zum Sammeln da!*

*Der braucht ganz viel Luft und Leere, sonst ist er überfordert und wird unglücklich.*

*Also benutze deinen Kopf wie einen Durchlauferhitzer: leer machen, eine Sache nach der anderen reinholen, durchdenken, Ideen haben,*

*AUFSCHREIBEN und TUN.*

**Und wenn Du lieb fragst und das Zauberwort** *dabei benutzt kannst du den Zettel dann bestimmt auch noch anderen geben.*

*Bei diesen komischen Meedingsda auf der Arbeit. Papa sagt auch immer, da werden Arbeiten an alle verteilt und später trifft man sich wieder und erzählt sich darüber.*

*Ich geb´ dir jetzt mal einen Tripp:*

*Erzähl bloß nicht so langweilig bei diesen Meedingsda. Mein Papa sagt nämlich ganz oft, er mag die Meetings nicht wirklich. Die wären so langweilig und meistens weiß keiner danach was er wirklich tun soll. Nur die Meetings, die mit Kuchen gemacht werden seien schön und lecker.*

*Du kannst ja mal eine tolle spannende Geschichte, zum Beispiel aus deinen Kopf-Flaschengeist, machen.*

*Geschichten hören alle gerne und dann helfen dir die Menschen auch beim HANDELN viel, viel lieber. Und am Ende kriegt jeder eine kleine Schnuppeltüte wie die von Julia, mit vielen Gummitieren drin zum Essen.*

*Dann machen die Leute das ganz besonders gerne für dich. Also wenn du mich mal gebrauchen kannst zum Handeln, sag' Bescheid. Ich komme dann gerne. Und am liebsten esse ich die grünen sauren Frösche!*

Ganz wichtig:

Immer wieder den Kopf leermachen.

Köpfe sind nun mal nicht zum Merken und Sammeln geeignet. Nur zum Zutaten rein tun, erhitzen und kochen. Die Suppe löffeln dann alle anderen mit aus (bei den Meetings zum Beispiel)… wie bei der Hühnersuppe von Oma samstags. Die löffle ich gerne mit, die schmeckt mir klasse!

Was macht deine Liste jetzt? Fertig?

Opa sagt, diese Liste ist eine Anfangsliste, die ich bis zum Lebensende weiterführen sollte. UND, die ist jetzt gar nicht so wichtig im DETAIL.

Wichtig sei, dass ich Wünsche und Träume habe. Die Ziele ergeben sich in den nächsten Wochen wie von selbst daraus. Ich soll immer mal wieder drauf schauen und auch ruhig noch etwas verbessern, ergänzen oder streichen. Ganz nach meinen Bedürfnissen und der zunehmenden Konzentration, die ich ab sofort trainiere.

Alles weitere kommt zu gegebener Zeit – ich solle GEDULD haben. Der Opa ist echt manchmal Hellfernseher. Woher weiß der, dass ich mir als erstes diese King Kong Übungen heute Mittag auf die Liste setzen will?

Ich habe da nämlich was ganz wichtiges kapiert:

*Wenn ich diese Konzentrationsübungen und diese LEERE mache, wird alles für mich einfacher. Dann kann ich meinen Geist bewusst lenken, ihn leer machen und mit dem kurzfristig füllen was gerade so ansteht und wichtig für mich ist. Danach mach ich ihn wieder leer und kann spielen gehen ...*

**Ziel: Ab sofort und für immer werde ich morgens eine Viertelstunde früher aufstehen. Mit Leere-Übungen für meinen Geist erschaffe ich mir einen guten Start in den Tag und freue**

**mich über meine stetig zunehmende Konzentration.**

Du kannst ja mitmachen und so ein ähnliches Ziel basteln. Macht doch Spaß, oder?

Und wenn du dann auch noch mehr Zeit hast, was richtig Schönes zu machen wäre das bestimmt auch für dich toll. Vielleicht treffen wir uns einmal zusammen an meinem Bach bei den Schmetterlingen. Das kann schon wieder ein Ziel sein …

Na geht doch, wir sausen jetzt von Ziel zu Ziel wie auf der Teppichrutschbahn im Erlebnispark Lochmühle (die ist hier nämlich ganz in der Nähe).

Und das alles mit so wenig Übungszeit für unsere Konzentration. Mein Kopf-Flaschengeist freut sich schon ein wenig mehr als gestern.

Der fängt an glücklicher zu werden, JUHUUUUUUUUUU.

## 10. Kraft ... (wie Opa)

Die zwei letzten Wochen sind verflogen. Ich mache jetzt wirklich jeden Morgen meine verknoteten King Kong Übungen.

Und wenn dabei eine neue Idee für meine Liste vorbei gesaust kommt, schreibe ich sie auf. Ich habe mir nämlich einen Zettel und einen Stift neben meinen Lieblingsplatz im Garten gelegt. Opa sagt, das ist toll, damit könnte ich noch schneller in die Leere kommen: *Wenn mein Kopf sicher ist, dass nichts verloren geht, sondern von mir aufgeschrieben wird, lässt er schneller los.* Damit wird er dann besser leer. Und es stimmt tatsächlich, erst kommen ganz viele Gedanken von allen Seiten, das ist wie in Raumschiff Enterprise wenn aus allen Ecken Sterne um das Raumschiff herum sausen. Dann werden die Sterne und Gedanken weniger und zum Schluss sind es nur noch ganz wenige.

Ich habe in den ersten Tagen gedacht, dass ich zwei Stunden da sitze und dann waren das nur 10 Minuten. Danach habe ich mir meinen Wecker mitgenommen und ihn auf 15 Minuten - dann klingeln gestellt. Das klappt super.

Jetzt nach einer Woche denke ich manchmal ich habe erst 2 Minuten gesessen. Schon lustig, oder?

Bin gespannt was Opa dazu sagt.

Ich gehe jetzt mal zu Oma und Opa und berichte von meiner Woche. „Hallo Oma und Opa", rufe ich in den Garten, „ich bin schon da".

Seit ich dieses King Kong mache, bin ich auch morgens gar nicht mehr so müde wie sonst. Komisch, ich stehe doch jetzt noch früher auf. Na gut, auch das erzähl' ich gleich, denn ich soll mir ja aufschreiben, was sich so verändert.

Mit Laura gibt's noch keine Veränderungen beim Spielen. Die hört sich das zwar immer alles an, was ich so am Samstagmittag erzähle. Aber sie sagt nix dazu ... und sie will sich auch nicht verknoten. Das findet sie einfach blöd.

Macht nix, wir sind trotzdem Freunde. Nur, dass ich jetzt nicht mehr ganz so müde in der ersten Stunde bin, **das** ärgert sie sehr. Am Donnerstag hat sie deshalb an die Tafel gemusst. Sie ist nämlich mit der Nase auf ihr Heft gefallen. Da hat Herr Thiel gesagt, sie solle sich doch ein wenig die Beine vertreten. Dabei nach vorne an die Tafel kommen und ein bisschen vorrechnen. Oweia, das ging schief. Da bekam sie einen Brief von Herrn Thiel in ihr Muttiheft geschrieben. Das musste sie unterschreiben lassen und dann war nix mehr mit Spielen die nächsten zwei Tage. Ich weiß auch nicht was drinnen stand, der hat keine Schönschrift. Wir haben uns auf dem Nachhauseweg beide echt Mühe gegeben beim Lesen.

Mit Schokolade und einem Honigbrötchen bewaffnet geht's gleich los mit dem Erzählen bei Oma und Opa:

Erst erzähle ich den beiden, wie ich das mit dem King Kong und meinem Zettel mache. Dann kommt noch die Sache mit den Zielen. Das ich mir weiterhin alles aufschreibe was ich mir wünsche und vor allem, wovon ich träume.

Zum Schluss erzähle ich die Geschichte mit Laura und dem Einschlafen, dass ich jetzt viel weniger müde bin morgens. Ach ja, und dass ich manchmal das Gefühl habe, es dauert ganz lange und am nächsten Tag ist die Zeit vorbei gesaust.

Jeder Tag ist anders. Mein Kopf-Flaschengeist ist manchmal ganz lieb und spielt nicht Raumschiff Enterprise die ganze Zeit und dann wieder klappt so gar nix.

Opa und Oma schauen sich an und lächeln. Oma sagt zu mir: „Liebe Gloria, alles was du erzählst freut uns von Herzen. Denn erstens zeigt es uns wie wichtig dir das *„Glück zu finden"* ist und zweitens hören wir beide aus deinen Erzählungen heraus, dass du mit ganz normalen Anfangsschwierigkeiten zu tun hast.

Ich bin sehr stolz auf dich. Es ist eine tolle Leistung von dir, so diszipliniert mit diesen Schwierigkeiten umzugehen. Und das nicht alles gleich glatt verläuft gehört dazu. So ist das hier im Leben: HERZLICH WILLKOMMEN AUF DER ERDE."

„Ich bin auch sehr stolz auf dich", stimmt Opa der Oma zu, „es war auch für mich nicht leicht am Anfang. Ich erzähle dir meine Geschichte, damit du merkst, dass du nicht alleine mit den Schwierigkeiten bist. Das liegt jetzt ca. 35 Jahre zurück:

Damals hatte ich sehr große und ernste Schwierigkeiten. Nichts hat mich mehr erfreut, alles war so dumpf und so schwer. Niemandem wollte ich davon erzählen, denn ich glaubte, es kann mich keiner verstehen. Ich wusste nicht mehr wohin ich gehen sollte im Leben, hatte keine wirklichen Ziele, denn das meiste hatte ich schon beruflich erreicht. Und für mich gab es keine freie Zeit außerhalb meiner Arbeitszeit. Heutzutage würde man das erschöpft nennen. *Ich hatte nichts mehr zum Schöpfen, ich war ERSCHÖPFT.* Ich war leer. Das heißt heute auch ausgebrannt glaube ich. Bei vielen Menschen sogar BURN OUT, eine chronische Erschöpfung. Und es ist schrecklich – ich wünsche es keinem."

Das interessiert mich aber und ich habe in meinem Vertrag mit den beide stehen, dass ich alles fragen dürfe : „Also wie war das, Opa, bitte erzähle mir noch ein bisschen mehr davon. Dann weiß ich ob ich auch so etwas habe. Oder wenn ich das ERSCHÖPFTE kriegen sollte, dann weiß ich wenigstens was es ist. Ist das wie so ein Loch aus dem ich mich dann ziehen soll? Wenn ich das jetzt schon weiß, brauch' ich nicht die ganze Zeit zu den Ärzten, die mir doch nur immer Blut abnehmen wollen. Oder mich in eine Röhre schicken wie die Mama mit ihren Rückenschmerzen."

Opa schaut Oma an und als diese nickt fährt er fort: *„Du hast recht, Gloria, vielleicht hilft dir meine Erzählung. Es könnte durchaus sein, dass du einmal in eine so große Erschöpfung kommst. Heutzutage ist das sehr wahrscheinlich bei all der Beschleunigung und Hektik im Leben. Kaum einer weiß mehr innezuhalten* *und sich wirklich zu entspannen. Stets soll Leistung gezeigt werden und noch mehr! Die Messlatte wird höher gesetzt. Das kann krank machen. Dann ist es gut schon einmal etwas in der Art gehört zu haben. Vielleicht gibt dir meine Geschichte ein Stück Hoffnung und Kraft, falls du einmal so ein Defizit erleidest."*

Jetzt denkt er kurz nach bevor er weitermacht: „Wenn ich mir das alles noch einmal so richtig durch den Kopf gehen lasse und die 35-40 Jahre zurückdenke, dann ist da zuerst die große Liebe zu meinem Beruf gewesen. Du weißt ja, dass ich bis zur Rente Architekt gewesen bin. Ich habe oft Schulen und Büros gebaut - auch Altersheime und Hochhäuser. Und ich wollte dies auch immer machen. Es ist nicht so, dass mich irgendjemand zu dieser Arbeit gezwungen hat.

Schon als Kind habe ich mit Klopapierrollen und Kisten vom Supermarkt mir meine Häuser gebastelt. Nach dem Abitur habe ich dann Architektur und Kunstgeschichte studiert. Ich wollte immer der Beste sein überall und in jedem Fach. Gab es Sonderaufgaben und Projekte, so habe ich mich stets als erster gemeldet.

Klar hatte ich Freunde, mit denen spielte ich auch manchmal Fußball und bin in die Disco gegangen. Nach außen war alles normal und okay!

Ich war ein beliebter Freund, der gerne bei Umzügen half und als letzter nach einer Party auch noch half, die Küche wieder aufzuräumen. Doch innerlich fühlte ich mich einsam. Keiner meiner Freunde hat mich wirklich verstanden. Sie haben auch manchmal die Uni geschwänzt und lieber Party gefeiert. Ich dagegen war morgens in der Uni, egal wie spät es abends wurde. Für mich war das alles normal.

Stets glaubte ich, nicht gut genug zu sein. Immer wollte ich noch besser sein, damit mich jeder gern hat. Doch es war genau umgekehrt. Meine Kollegen hatten Angst vor mir, weil ich so gut wie keine Fehler machte. Ich setzte die Messlatte für mich und dadurch als Norm auch für meine Kommilitonen sehr hoch. Immer dachte ich an die Arbeit und das Lernen, sogar am Wochenende oder spät abends.

MIT MIR KONNTE KEIN KOLLEGE SPASS MACHEN und vor allem keinen SPASS haben.

Das weiß ich aber erst seit ein paar Jahren so wirklich. Die meisten meiner Kollegen, ob an der Uni oder später im Arbeitsleben haben mich akzeptiert beim Arbeiten. Eingeladen hat mich keiner am Abend, auf ein Bier auszugehen. Somit bin ich noch mehr in meiner Arbeit versunken.

Habe zwar Preise gewonnen für meine Ideen, doch der Preis den ich dafür gezahlt habe war zu hoch: Einsamkeit, Depression und Erschöpfung. Der totale Verlust der Lebensfreude. Meine Abende und Wochenende habe ich vor dem Bildschirm mit Computerspielen verbracht,- und zwar alleine.

*Tja, so war das damals…Und dann fängst du an über alles nachzudenken: Wie sinnlos das ganze vermeintliche Glück ist, wenn du niemanden hast, der es mit dir teilt. Wie anstrengend diese Perfektion ist, stets der Beste zu sein und die Anerkennung im Außen zu suchen. Wie labil ich im Inneren war, wenn mal ein Fehler passierte – und das geschah nun mal. Wir sind schließlich alle Menschen. Ich aber konnte und wollte mir Fehler nie eingestehen. Damit war ich aber erst am Anfang meiner Erschöpfung. Ich dachte zwar schlechter kann es mir nicht gehen, es ging allerdings noch schlechter.*

*Zu diesen vielen Gedanken kamen dann erst die wirklichen Fehler. Denn wer zu viel und schwer denkt, macht dann auch Fehler – vor Erschöpfung. Damit fängt ein schrecklicher Kreislauf an. Du versuchst dich noch mehr anzustrengen, um ja keine Fehler zu machen und schon schleicht sich der nächste um die Ecke.*

*Mein Kopf konnte überhaupt nicht mehr entspannen. Es ging gar nichts mehr. Von Freude am*

*Arbeiten war erst recht keine Spur mehr. Alles war mühsam, sogar das Aufstehen morgens. Ich bin richtig krank geworden, konnte nachts nicht mehr gut schlafen und habe manchmal Panikattacken bekommen. Mir ist schwindlig geworden, Kopfschmerzen, Rückenschmerzen, ...*

Um es kurz zu machen, es war ein langer leidvoller Weg, bis ich eines Tages erkannte: Das geht so nicht mehr, ich will so nicht mehr: *Ich brauche professionelle Hilfe!* Zunächst dachte ich, ich müsste ins Ausland auf irgend so eine schwer auszusprechende kleine Insel. So wie im Film, mit nur einer Unterhose bekleidet in den Dschungel reisen oder ähnliches. Also du weißt schon etwas Spektakuläres wie das in Filmen immer so ist. Aber Pustekuchen, keine 200 Kilometer von meiner Haustür entfernt, befand sich ein Experte. Nach einem Brief und einem Telefonat war mir klar:

Jetzt sollte ich nach diesem Glück endlich greifen. Ich wollte doch endlich wieder mein altes Leben. Vor allem meine gewohnte Kraft, um in meinem geliebten Beruf zu arbeiten. Denn das ging am Ende, bevor ich abreiste, alles nicht mehr."

„Und, hat das alles so geklappt wie du dir das vorgestellt hast?" frage ich ganz gespannt.

„Nein", erwidert Opa, „es wurde alles ganz anders, als ICH ES GEPLANT HABE. Und es wurde gut. Ich habe viel gelernt in dieser Zeit – vor allem diese drei Dinge:

1. Es gibt Momente im Leben, da soll man ruhig um Hilfe bitten. Keiner braucht **alle** Fehler dieser Welt selbst machen – dafür gibt es zu viele. Wir alle dürfen uns Experten suchen, um auch aus ihren Erfahrungen zu lernen.

2. Wenn du nicht das von dir Gewünschte bekommst im Leben, dann kommt etwas anderes, was besser für dich ist. Vertraue stets darauf.

3. Für Veränderungen brauchst du Kraft, sorge immer für die Ressource Kraft in dir. Gehe achtsam und liebevoll mit dieser Kraft um und somit auch mit dir. „Und noch etwas ganz super tolles", flüstert Opa mir zu, „ich habe deine Oma wieder getroffen. Das war die Expertin. Damals als ich sie umgefahren hatte in der Schulzeit, ist sie mir bei dem ganzen Lernpensum und meiner Besessenheit durch die Lappen gegangen. Danach haben wir dann beide studiert und unser Leben gelebt. Da verliert man sich schon einmal aus den Augen. Jahre später, als ich ihren Namen als Psychologin im Branchenbuch fand, war für mich

klar: Diesmal finde ich mein Glück. So oder so ...".
Dabei zwinkert er mir schmunzelnd zu.

„Damit habe ich dir für jetzt genug erzählt, oder?" sagt Opa und geht schon einmal voran in den Garten. Er will mir auf jeden Fall noch ein paar Übungen und ANREGUNGEN für meine Kraft geben. Die könne ich dann auch noch zuhause üben. Ich freue mich ehrlich gesagt drauf. Ich möchte auf jeden Fall die Übungen und ANREGUNGEN kennenlernen.

Denn vielleicht komme ich ja wirklich mal in so ein BURN OUT oder eine ERSCHÖPFUNG. Damit ist nicht zu spaßen. Wenn schon der Opa das sagt. Nie hätte ich gedacht, dass Opa so was wie erschöpft sein kann. Die wacklige Frau Wiebe, die Bäckersfrau, mit ihrem kaputten Bein, ja, die schon. Aber mein super Opa mit den tollen starken Armen? Nein, der doch nicht. Das hätte ich nie gedacht von dem. Wenn ich mir vorstelle, dass der Opa wie mit einer gaaaaanz langen Grippe, Fieber und Schnupfen wochenlang zu Hause auf der Coach liegt oder im Bett. Das ist ja furchtbar. Muss der einsam und unglücklich gewesen sein. Ich kenne ja seine ganzen Pokale auf dem Kaminsims im Haus. Dass Opa mal so krank war, so hoffnungslos und dann auf eine Insel gehen wollte zu einem Meister? Das klingt wie eine Geschichte aus meinem Schulbuch. Vielleicht erzählt er mir noch mehr Erfahrungsgeschichten von sich. Dann brauche ich die gleichen Fehler nicht mehr zu machen. Ich schreibe einfach ein Schild ´Nein, danke` mit dem Zusatz: Hat mein Opa schon erlebt. Bitte weitergehen!

Auf jeden Fall war Opas Wahl eine gute Entscheidung: Er ist wieder stark wie ein Bär geworden, lustig wie Laura, isst Schokolade wie ich und dann schaut er heimlich Oma noch so unglaublich lieb an. Die beiden schauen sich so verliebt an, obwohl sie beide jetzt schon graue Haare haben. Und viele Freunde haben sie jetzt auch. Bei Omas letzten Geburtstag gab es ganz viele Blumen und Opa wurde auch von jedem umarmt und geherzt. Jetzt ist alles wieder gut.

*Ich bin beruhigt und habe gelernt, dass auch **BURN OUT** und **ERSCHÖPFUNG** wieder weggehen können.*

Jetzt hoffe ich, dass du das nicht auch hast und den ganzen Tag zuhause auf dem Sofa liegst mit Attacken und ohne Schlaf nachts. Auf jeden Fall sollten wir beide nun zu Opa in den Garten gehen und schon einmal das mit der Kraft üben, falls wir diesen BJÖRN AUT bekommen sollten.

Dem Opa hat das geholfen und ich bin sicher, dass er uns alles zeigt, damit es nicht so schlimm wird – falls wir diesen Firus uns mal einfangen.

Mama sagt schließlich auch, für ALLES gibt es eine Medizin, man darf bloß nicht die Hoffnung aufgeben. Das wäre dann wirklich schlimm.

Die Kraftübungen im Garten:

1. Opa hat mir Übungen gezeigt, die die Energie-Autobahnen frei fegen. Also wenn du viel Arbeit und Stress hast, dann verengen sich die Blutadern und diese Energie-Autobahnen. Dann verklebt das alles so richtig schön. Du hast das Gefühl du bist geschrumpft oder alles ist so eng im Körper, Verspannung nennt man das. Dann reckst und streckst du dich wieder in bestimmte Richtungen und atmest dabei ganz tief ein. Schon nach kurzer Zeit ist alles wieder gut, für kurze Zeit. Später machst du es einfach wieder.

Opa nennt das seine MERIDIANE säubern. Also haben wir gemeinsam unsere Meri-Arme durchgepustet (so ungefähr 20 Minuten).

2. Dann hat Opa mir ein kleines schönes Köfferchen geschenkt. Da soll ich ab sofort meine schönsten Schätze reinlegen. Also zum Beispiel meinen Kraftstein, den du schon kennst. Oder ein

Geschenk von Laura. Es können auch vierblättrige Kleeblätter sein, die ich finde. Ein schönes Betthupferl von Mama, meine erste geschriebene Eins in Mathe (wenn's denn mal so kommt) und noch mehr ... halt alles was mich an schöne Gefühle erinnert.

3. Dann bekomme ich noch ein Büchlein von ihm geschenkt. Da sollen ab sofort jeden Abend meine erfolgreichen Momente vom Tag rein (puh, das wird schwer, so viel Großartiges gibt's bei mir doch noch gar nicht). Opa erklärt, dass es nicht immer ein bombastisches Ereignis sein braucht. Es können auch lauter Kleinigkeiten sein wie zum Beispiel für Frau Wiebe in die Apotheke gegangen zu sein, meiner Schwester geholfen die Küche aufzuräumen oder so ähnlich. Okay, das hab ich jetzt auch verstanden.

4. Morgens soll ich mein KING KONG erst einmal weitermachen. Da will er in den nächsten Wochen schauen, ob das etwas für mich ist – sonst suchen wir einfach weiter nach Möglichkeiten für mich. Lediglich ein bisschen meine Meri-Arme soll ich noch dazu durchpusten. So 5 Minuten lang reicht bei mir. Ich bin ja sonst auch immer am Rennen und Toben. Natürlich kann ich dies auch immer mal wieder zwischendurch machen, wenn

ich will. Zum Beispiel mittags vor den Hausaufgaben oder abends bevor ich ins Bett gehe. Aber Opa sagt, er will mich nicht überfordern und ich wäre ja noch gut in Bewegung. Bei den Erwachsenen, die fast alle nur noch an den Schreibtischen kleben oder sonst eintönige Arbeit verrichten wäre das anders.

*Denen sollte man einen regelrechten Trainingsplan bauen. Die Menschen könnten alle ein bisschen Krafttraining gebrauchen. Ich glaube er meint nicht nur in diesen Schweißhäusern, wo die Leute wie Popeye ihre Muckis trainieren.*

5. Auch das LACHEN ist sehr, sehr wichtig. So richtig aus dem Herzen und dem Bauch. Das gibt Kraft und macht gute Laune. Es entspannt und man fühlt sich wohl. Überhaupt sei die Entspannung ein Türchen für all die vielen MENTALEN STRATEGIEN. Denn in der Ruhe liegt die Kraft. In so einer Ruhephase regeneriert sich der Körper und baut gleich noch ein kleines bisschen mehr an Energie auf, um beim nächsten Mal eine Reserve zu haben. Dies kennt jeder aus dem Sport. Es heißt Superkompensation! Leider haben die meisten Menschen noch nicht kapiert, dass dies auch genauso im mentalen Krafttraining funktioniert.

6. Und als letztes sind meine Ziele ganz, ganz wichtig erzählt Opa. Die sind ein guter Kompass dafür, wo ich hin will. Wenn ich mal einen Durchhänger habe, oder einfach zu ungeduldig bin – dann könnten mich meine Ziele aus diesem Loch ziehen. Ziele haben nämlich ganz viel mit den BEDÜRFNISSEN und WERTEN zu tun. Wer nach vorne sieht zu seinen Zielen, wird sich in der Dunkelheit zurechtfinden, sagt Opa. Ich glaube es ihm nach heute Morgen, er hat das Burn out ja schon durch. „Das reicht erst einmal zum Thema Kraft jetzt. Sonst ist sie verwirrt, unsere Gloria", ruft Oma aus dem Küchenfenster. Und zu mir sagt sie: „Gloria komm´ in die Küche und hilf´ mir ein bisschen beim Waffelteig machen." Das lasse ich mir nicht zweimal sagen und düse los.

„Der Opa verfällt ab und zu noch in seinen altbekannten Perfektionismus", erzählt sie mir in der Küche, „der bringt es fertig und brummt dir das ganze Krafttraining an einen Tag auf. Dabei ist das ein 4-Tagestraining für Erwachsene. Mit vielen Übungen und Entspannungsmethoden. Das ist dann doch ein wenig viel für dich als Kind. Wenn du willst kannst du das später immer noch machen!"

Und damit endet der Glücksunterricht für heute …

Ich hoffe, du hast auch das meiste kapiert. Wenn nicht frag´ mich halt. Oder frag´ Oma wegen des Krafttrainings. Das machen heute immer noch Freunde von ihr, ehrlich, kannste in deinem Computer nachschauen. Oma hat mir versprochen ganz hinten auf den letzten Seiten so eine Liste zu schreiben. Das hilft dir dann bestimmt weiter.

Hier kommt extra für dich meine Erkenntnis des heutigen Tages:

**Also, du weißt jetzt, das Ziele ganz wichtig sind, um dich aus dem Loch zu holen. Und das du für Veränderungen Kraft brauchst. Diese Kraft holst du dir dauerhaft mit besonderen Übungen, dem Atmen und Entspannungsmethoden.**

Und wenn du nicht alles verstanden hast, lies´ doch einfach noch mal dieses Kapitel hier von vorne oder das ganze Buch.

Das nennt sich dann LESEÜBUNG (wie in der Schule bei mir, hihi).

## 11. Ausdauer ... (wie ein Pferd)

Es ist schon wieder Samstag. Heute habe ich keine Lust zu meinen Großeltern zu gehen. Laura ist jetzt bestimmt schon am Bach und fängt Frösche. Und ich? Ich muss zu meiner Oma und zum Opa.

Dabei habe ich jetzt doch schon soviel gelernt. Das reicht doch bestimmt bis ich 80 Jahre alt bin und mehr. Und wirklich anders ist das auch nicht geworden. Ich bin so richtig sauer ...

Kann das nicht gefälligst ein bisschen schneller gehen? Oder bin ich vielleicht zu dumm und habe mich noch nicht genug angestrengt? Ich dachte wirklich, dass ganze GLÜCK lernen geht ratzfatz.

Zum Beispiel so:

Ich überlege ich will mehr Glück, gehe zu Oma und Opa zum Lernen und mit einem Affenzahn bin ich dann glücklich und für immer. Mann-o-Mann, jetzt sind es erst drei Wochen und das Spiel ist richtig doof geworden. Ehrlich gesagt will ich gar nicht mehr so richtig mitspielen.

Wenn ich Oma nicht versprochen hätte regelmäßig zu kommen, wäre ich jetzt auch schon längst am Bach und würde einen Staudamm bauen.

„Hallo Oma", sage ich ganz betrübt beim Klingeln. „Gloria, ist was passiert?" Oma schaut mir ganz direkt an: „Sollte ich mir heute um dich Sorgen machen?" „Nö, ich bin nur ein bisschen müde noch. Diese Woche war so viel los in unserer Schule und dann habe ich noch Mathe am Mittwoch geschrieben und so viele Hausaufgaben gemacht, und überhaupt bin ich heute miesmuffelig, sagt Mama."

Oma nickt vor sich hin und erwidert: "Hört sich auch so an. UND das gehört auch mal dazu. Kein Mensch kann jeden Tag die gleiche Laune haben.

Auch ich habe öfter mal einen miesmuffeligen Start in den Tag. Und auch dafür gibt es STRATEGIEN, dazu kommen wir dann gleich.

Gibt's sonst noch irgendetwas zum Erzählen bei dir? Wie waren deine Übungen diese Woche und wie steht es mit deinen Zielen?"

Ojeh, jetzt gilt es Farbe zu bekennen. Oma schaut mir gerade so intensiv in die Augen, da gibt es kein Entkommen. Die **merkt** das sofort, wenn ich jetzt flunkere. Vielleicht kannst du mir mal verraten wie das die Erwachsenen tun. Die schauen so furchtbar doll in deine Augen und dann gestehst du echt **alles**. Kann ich das auch lernen? Ich würde meinem Mathelehrer mal so gerne mit diesem Trick in die Augen schauen, wenn er wieder eine Mathearbeit macht.

„Es geht einfach nicht so gut wie ich das **will**", sprudelt es aus mir heraus, „ich mach jetzt schon soooo lange die Übungen und will ganz dolle glücklich sein, aber das geht einfach nicht richtig gut. Das dauert so lange und ich will doch **jetzt** glücklich sein und nicht erst in 5000 Jahren."

Oma lacht über mich. Die ist bald nicht mehr meine Oma, wenn die mich auslacht. Ich gucke sie jetzt mal böse an. **Das** hat sie gemerkt. Sie hört tatsächlich auf zu lachen.

„Liebe Gloria", meint Oma, „das ist ein klassischer Fall von AUSDAUER. Entschuldige dass ich lache habe, aber du siehst gerade wieder wie eine dreijährige aus. Damals in deiner Motz- und Trotzphase. Und du hast Recht.

Es ist tatsächlich in deiner jetzigen Phase schwer daran zu glauben, dass das alles gut wird. Aber, das Glückstraining ist nun mal nicht wie in der Schule bei Mathe und Deutsch. Obwohl, wenn ich es so genau betrachte gibt es doch Parallelen.

Lass´ uns das einmal genauer zusammen anschauen ... bei einer guten heißen Schokolade und Keksen."

Dann schauen wir uns das mit meiner Ausdauer einmal gemeinsam genauer an. Dabei erinnere ich mich an Folgendes: Als ich damals in die Schule gekommen bin war ich so richtig froh auch endlich einen Schulranzen zu tragen und schon so groß zu sein. Ich war so stolz, nun endlich auch in dieses Zimmer zu gehen, wo ich mit vielen Kindern sitze und eine Lehrerin uns Zettel verteilt. Wir haben Leseübungen gemacht und auch ein bisschen Sport. Wir haben viel gemalt und zusammen gesungen. Aber nach 2 Wochen hatte ich genug. Ich wollte das nicht mehr jeden Tag machen. Wieso auch, ich habe Buchstaben gemalt und so bunte Plastikscheibchen zusammengezählt. Das reichte mir.

Und überhaupt bin ich doch in die Schule gegangen, um Lesen zu können und Mathematik. Vielleicht auch noch Englisch dazu. Das dauerte mir alles viel zu lange. Ich wollte das nach einer Woche schon alles können und nicht so viel üben.

Oma stellt mir das Glückstraining jetzt fast genauso dar: Ich habe ein bisschen was über Glück schon mit Opa gelernt. Übungen im Garten gemacht, eine Liste geführt mit Zielen, noch ein paar Übungen mehr gemacht und jetzt? Oma sagt, ich komme gerade an meine Grenzen. Jetzt würde ich wie in der Schule feststellen, dass das ganze Glückstraining wahrscheinlich noch länger dauert.

Das wäre eine ERKENNTNIS, die die meisten Menschen erst einmal umhaut:

*Glück zu trainieren geht nie zu Ende. Es gibt darin kein Ziel sondern ein WEITERKOMMEN. Mich hätte eben die AUSDAUER kurzfristig verlassen. Das sollte ich einfach akzeptieren. Das kommt schon wieder. Mittlerweile hätte ich ja auch akzeptiert, dass ich noch sehr viel länger in der Schule bleibe als nur die von mir geplanten 2 Wochen. Und dass ich wahrscheinlich so ganz vage eine Ahnung hätte, in meinem Leben doch auch noch mehrere Dinge zu lernen als nur in 9,10 oder 13 Jahren Schule.*

AKZEPTANZ ist ein weiterer Baustein auf dem Weg zum Glück erklärt mir Oma. Akzeptieren müsse ich die Dinge, die ich nicht verstehe und wo es keinen genauen Zeitplan gebe, wann ich was erreiche. Mit der nötigen Ausdauer würde sich alles schon richtig für mich regeln.

„Aber **wie** mache ich das AKZEPTIEREN denn, Oma", rufe ich laut, zornig und verzweifelt, „ich will das ja gerne tun. Ich weiß aber nicht wie? Soll ich etwa wie ein Pferd jetzt immer herum galoppieren wenn ich mal wieder diese AUSDAUER brauche?"

„Das ist eine sehr gute Idee, Gloria", sagt Oma ernst, „ich finde du solltest dich ein wenig mit deiner Ausdauer befassen und eine BEWÄLTIGUNGSSTRATEGIE für dich ganz alleine erschaffen. Die passt dann auch genau auf deine schlechte Laune und Verzweiflung. Das meine ich jetzt ernst. Natürlich kannst du mich gerne fragen wenn du nicht mehr weiterkommst. Wichtig ist aber schon, dass du für dich genau in dieser Stelle weitermachst."

Uff, ist das schwer. Obwohl so eine Runde durch den Garten galoppieren wie ein Pferd, wenn ich mal gerade wieder keine AUSDAUER habe, das wäre schon was. Irgendwie klingt das lustig und macht bestimmt Spaß. Ich probiere es auf jeden Fall aus. Gleich jetzt! Oma sagt ja auch immer, nicht so viel Denken sondern mehr Handeln! Dann kann der Kopf wieder besser Luft kriegen und ich weiß schon in der Praxis wie es klappt. Oma ist schon ein toller Experte. Die sagt noch was Wichtiges hinterher:

*Denken ist Handeln mit dem Kopf.*

*Manchmal ist das gut, meistens aber überflüssig. Denn nach dem Denken müsse man das doch eh noch einmal in der Realität tun. Mir ist das zu viel, ich tue es gleich, dann brauche ich es nicht zweimal machen und kann mehr spielen und meinen Kopf glücklich sein lassen.*

So und damit du merkst wie ernst mir das ist, galoppiere ich gleich zu Opa raus in den Garten. Den habe ich heute eh noch nicht gesehen.

„Gloria, hallo, spielst du Pferd heute?", fragt mich Opa im Garten. Der weiß das ja noch nicht mit meiner AUSDAUER. „Nein Opa", erkläre ich ihm, „ich habe heute keine Ausdauer für das Glückstraining. Und damit ich nicht mehr sauer und wütend bin habe ich mir diese BEWÄLTIGUNGSSTRATEGIE ausgedacht. Jedes Mal wenn ich motze und trotzig bin, weil ich keine Ausdauer habe, akzeptiere ich das einfach, nehme mir mein Steckenpferd und galoppiere eine Runde in den Garten. Das ist lustig und macht Spaß. Und dann habe ich wieder die Ausdauer wie ein Pferd."
„Das ist eine ganz tolle Idee, wirklich", meint Opa bewundernd, „ich glaube, du hast eine sehr passende Möglichkeit für dich gefunden mit diesem Dilemma fertig zu werden. Ich bin froh darüber, dass du diese Klippe des Glücktrainings

so super umrundet hast. Mehr brauche ich dir heute auch nicht vermitteln. Du hast das mit der Ausdauer klasse bewältigt. Bleib da dran. Wie du siehst wird aus einem vermeintlichen Drama etwas Gutes. Das ist doch eine tolle Erfahrung. Und ein bisschen Profihilfe von Oma gehört nun mal ab und zu auch dazu. Dafür sind wir doch da und haben schon so viele Erfahrungen selbst gemacht.

Ach ja, da fällt mir noch eine Frage zu ein: „Wie machst du denn das mit der Ausdauer, Opa?", will ich wissen, „oder kennst du das Problem nicht?"

„Ach Gloria", lacht Opa, „glaubst du wirklich, nur weil ich und Oma schon älter sind und graue Haare haben kennen wir diese Art Herausforderungen nicht mehr? Da täuschst du dich aber gewaltig. Der Mensch wächst nun mal mit seinen Herausforderungen und die bekommst du nun mal ein Leben lang gestellt.

Meine Strategie mit der Ausdauer zurechtzukommen ist diese:

Erst bin ich zornig und schimpfe laut los. Dann akzeptiere ich die Situation und meistens lache ich dabei schon ein wenig über mich selbst. Ich merke, dass mich die Ausdauer mal wieder am Kragen hat. Danach wird's, zumindest bei mir, ein wenig ruhiger:

Ich frage Oma, ob sie mit mir eine Runde Monopoly spielt. Du weißt schon das Spiel mit dem Häuser und Straßen kaufen. Das ist aber nicht der Grund, warum ich es spielen will. Der eigentliche Grund ist das Feld „LOS". Es gibt bei diesem Spiel eine Ereigniskarte, darauf steht: *Gehe noch mal zurück auf „Los" und ziehe keine 4000 Euro ein.*

Das erinnert **mich** persönlich halt an AUSDAUER: Gehe zurück zu ′LOS′ und fang′ einfach wieder an!"

Das ist toll. Opa hat ja fast genauso ein Spielkind noch im Bauch wie ich es bin. Wow, was ich heute so alles gelernt und erfahren habe, das erzähle ich nachher gleich Laura. Bestimmt findet sie das auch klasse – vielleicht sogar so gut wie Frösche fangen und Staudamm bauen.

Also jetzt ist es wieder gut mit der ′Pferdeausdauer′. Ich glaube, ich bin genug galoppiert. Jetzt mache ich meine Übungen hier in Opas Garten einfach noch einmal. Erstens habe ich wieder Lust dazu und zweitens habe ich seit gestern ziemlich dolle gehuddelt. UND: Heute

Abend schreibe ich meine Pferdeausdauer in das Büchlein, mit drei Ausrufezeichen und ganz dickem Stift!

Was hast du heute alles gelernt?

Soll ich dir meine ERFAHRUNGEN noch einmal ganz kurz sagen?

Du kannst mir ja auch irgendwann einmal deine Ausdauerstrategie erzählen. Oder auch nicht. Wie du willst …

Also: Zuerst war ich zornig und wütend, weil ich noch immer nicht alles kann.

Dann habe ich das der Oma erzählt und die hat gelacht. Das hat mich so fürchterlich geärgert, dass ich ohne zu denken einfach das mit dem Pferd gesagt habe. Das findet die Oma toll, ich lustig und der Opa super. Beim Galoppieren habe ich dann gemerkt wie meine Glückslaune und die Ausdauer wieder kommen.

Jetzt du! Oder hast du immer AUSDAUER?

Ich gehe jetzt auf jeden Fall erst einmal zu Laura und erzähle ihr von meinen Erfolgen und der Ausdauer. Vielleicht macht sie ja doch noch mit☺ …

## 12. Rückschläge ...
## (wie schlechte Noten)

Mir reicht's! Jetzt will ich aber wirklich nicht mehr weitermachen. Darum liege ich hier noch so faul in meinem Bett. Ich kann mich nicht entscheiden. Willst du wissen warum? Das sag' ich dir gerne. Letzte Woche hatte ich keine Lust mehr, wollte lieber mit Laura schon morgens an unseren Bach gehen.

Dann habe ich bei Oma und Opa was über die Ausdauer gelernt und das war ja auch wirklich toll. Das hat Spaß gemacht. Aber seit Dienstagmorgen klappt das nicht mehr mit den Übungen.

Überhaupt nicht mehr ... alles war umsonst!

Es ist wieder genauso wie in den ersten Tagen. Ich sag' nur: Raumschiff Enterprise und die gesammelte Mannschaft schießen Mega galaktisch durch meinen Kopf, sobald ich mich morgens in den Garten setze und die Augen zumache. Warum ich dann nicht mit meinem Ausdauerpferd galoppiert bin? Na du stellst vielleicht Fragen ...

Natürlich habe ich das gemacht. Ich bin nacheinander auf fünf verschiedene Pferde gestiegen und voll los galoppiert. Danach hatte ich überhaupt keine Puste mehr und mir war ganz schlecht. Erst nach dem Frühstück ging es wieder besser. Dann habe ich Laura abgeholt und war noch vor der ersten Schulstunde so müde wie abends nach dem Sandmännchen.

Laura hat mich gleich gefragt, ob ich das mit den Übungen nicht mehr machen würde. Die wären doch so toll und supi. Klasse, erst Laura und jetzt auch noch du. Wenn ich nicht versprochen hätte, scheußliche Wörter nicht mehr in den Mund zu nehmen dann würde ich jetzt was dazu sagen. Und was soll ich jetzt machen?

Zu Oma und Opa gehen und sagen ich höre auf? Klar geht das, das steht ja so in dem Vertrag. Ich entscheide das, falls es nicht geht, hat Oma mir vor 3 Wochen gesagt. Oder einfach sagen ich bin krank? Mama hat mich gestern Abend ganz liebevoll gestreichelt und gefragt, ob es mir denn gut gehe. Das wäre jetzt ein leichtes nicht aufzustehen und einfach ein bisschen zu jammern. Dann kocht sie mir bestimmt mein Lieblingsessen heute Mittag und ich darf lange Fernsehen.

Nur, eigentlich wäre das ganz schön gemein von mir. Dann drücke ich mich vor dem Besuch bei Oma und Opa. Und es wäre nicht fair. Ehrlich wäre das auch nicht – es wäre gelogen. Und ich liebe doch die beiden. Da kann ich nicht lügen. Wenigstens hingehen und dann meine Lämmer erzählen könnte ich. Ja, das mache ich. Ich sage Oma und Opa, dass ich auf dem Kriegspfad bin und nicht weiter weiß. Und das meine Ausdauerpferde mir dabei auch nicht helfen können.

„Gloria, heute bist du aber spät dran", ruft Opa aus dem Garten mir zu, „was hat dich denn aufgehalten? Wir dachten schon du kommst heute nicht mehr."

„Ich sag´s dir gleich Opa: Ich bin auf dem Kriegspfad, denn meine Ausdauerpferde haben mir seit letzter Woche nicht geholfen. Ich kann gar nix mehr von dem was du mir gezeigt hast. Und überhaupt habe ich ein paar ganz große Lämmer, weil ich jetzt schlecht schlafe und so traurig bin. Morgens bin ich dann sooo müde und ganz erschöpft in der Schule. Mama denkt, ich bin vielleicht krank und ich glaube, ich habe dein BJÖRN AUT geerbt.

Es ist alles ganz furchtbar geworden. Ich bin überhaupt nicht glücklicher als vorher. Ich bin sogar viel trauriger. Vielleicht habe ich ja auch diese Dimmession, die Omas Patienten manchmal haben und dann so traurig und krank sind."

„Okay, okay, ich glaube ein wenig habe ich verstanden", meint Opa und nimmt mich erst einmal in den Arm. Da heule ich doch tatsächlich los.

„Oma", ruft Opa, „wir haben hier einen Fall von Pferden, Lämmern und sonstigen Dimessionen. Wir brauchen jetzt erst eine Stärkung und dann sollten wir uns alle zusammensetzen und einen Kriegsrat halten, was zu tun ist."

Oma schaut aus dem Küchenfenster und versteht anscheinend alles sofort. Es sind halt doch meine besten Experten, die beiden.

„Reicht da die heiße Schokolade aus, oder soll ich noch schnell beim Metzger ein paar Knackwürstchen und Kartoffelsalat holen für den Kriegsrat?" fragt Oma. Opa schaut mich fragend an. „Knackwürsten helfen bestimmt gut beim Strategieren", schniefe ich mit tränenverschmierten Augen. „Operation Knackwürstchen ist angesagt", ruft Opa der Oma zu.

Das hört sich vielleicht alles jetzt so lustig an, aber Opa und Oma sind dabei beide ganz ernst geblieben. Die merken anscheinend, dass es mir ernst ist und ich ganz verzweifelt bin. Das ist ein tolles Gefühl. Die beiden verstehen mich. Vielleicht nicht so wirklich alles was ich die ersten 10 Minuten erzählt habe, das ist aber auch egal. Sie **fühlen**, dass ich mit meinen Lämmern gerade kämpfe und beide unterstützen mich beim Auseinanderpuzzeln meiner Gedanken.

Nur kleine 20 Minuten später sitzen wir alle drei im Garten bei heißer Schokolade (für mich), Pottkaffee für Oma und Opa und den Knackwürstchen mit Kartoffelsalat (zum Frühstück – oder besser gesagt zum Picknicken) in unserer Mitte.

„Nun erzähl mal alles. Du brauchst nicht der Reihe nach erzählen, einfach drauflos wie dir der Schnabel gewachsen ist. Wir leihen dir hier jetzt erst einmal unsere Köpfe und sortieren das ganze später für dich wieder", sagt Oma.

Und dann lege ich los ... Mit allem was so in meinem Kopf ist:

Wie schwer das mit dem Glück alles ist. Dass ich mir das viel einfacher vorgestellt habe. Dass ich am Anfang meine Idee hatte, die Leute zu befragen nach dem Glück und diese Experten haben einfach nicht das gesagt, was ich hören wollte. Jeder erzählt mir etwas anderes. Und jetzt ist deshalb mein Kopf so voll. Denn mit diesen ganzen Interviews bin ich ja hier gelandet. Und dann habe ich mich für das Glücktraining entschieden. Damit es **endlich** besser wird in meinem Kopf und ich nun **endlich** alles verstehen werde. Aber dann hat mir der Opa ja die Übungen gezeigt und mir diese Liste in den Kopf gespuckt. Und die Ausdauerpferde haben alles andere gemacht – nur nicht glücklich.

Und jetzt habe ich zu gar nix mehr Lust.

Ich will einfach nur noch hier sitzen und meine Schokolade trinken und vielleicht 2-5 Würstchen essen. **Überhaupt will ich nie mehr denken! will ich.** Und jetzt habe ich Angst, dass mein Kopf **nie** mehr normal wird. Sondern immer so meschugge bleibt. Dann haben mich bestimmt alle Leute nicht mehr lieb und besonders die Laura. Die sucht sich dann eine neue Freundin mit der sie an den Bach geht und Frösche fängt.

Erst ist jetzt mal Ruhe bei den beiden.

Sicherlich wissen sie nicht, dass ich fertig bin. Oder ich habe Oma und Opa mit meinen ganzen Wörtern zu voll gequatscht. Dann fängt Opa doch noch an zu reden: „Das ist ja nicht nur eine Wagenladung voll, sondern schon ein ganzer Lastwagen. Du hast jetzt erst einmal kurz Pause und trinkst in Ruhe deine Schokolade.

Wir beide versuchen jetzt für dich zu sammeln, zu strukturieren und deine Erzählung in eine Reihenfolge zu bringen. Du brauchst dabei nichts zu tun außer zu nicken. Es sei denn wir tragen hier für dich was Falsches zusammen, okay?" Ich nicke …

Nun ist Oma dran: „Und ich möchte dir dazu nur noch sagen, egal wie du dich heute entscheidest – wir haben dich lieb, so oder so. Du entscheidest ob und wie du weitermachen willst. Wir gehen mit." Und dann sammeln, strukturieren und sortieren die beiden. Das war echt spannend und hat sogar ein kleines bisschen Spaß gemacht. Aber nur, weil ich Liste nicht ganz alleine machen musste.

So ein bisschen ist das wie die Verbesserung von Mathe. Da sagt Herr Thiel auch immer zu mir ich soll mich sortieren und alle Nebenrechnungen auf ein Drittel rechts im Heft schreiben. Er müsste bei mir bisher immer mit einem Kompass über das ganze Heft suchen und sich Gedanken machen, was zu welcher Aufgabe passt. Dafür gibt es dann Punkteabzug und eine schlechtere Note.

Oma und Opa sind auch gerade auf die Suche gegangen und haben zusammen gesammelt und sortiert (hier gibt es aber keine schlechten Noten, oder?). Zum Schluss habe ich jetzt wieder eine Liste. Diesmal ist es eine **Kopf-Sortier-Liste**, wo Opa oben links für mich noch einen Lastwagen draufgemalt hat.

Willst du sie lesen?

**Kopf-Sortier-Liste von Gloria:**

1. Es gibt keine einheitliche Erfahrung und Meinung über Glück. Jeder Mensch hat andere Glücksmomente.

2. Es gibt verschiedene Sichtweisen und keine ist richtig oder falsch, nur anders. Jeder darf anders empfinden.

3. Es gibt keine Gerade im Bereich des Glücks. Jeder betrachtet sein Glück anhand seiner Erfahrungen, Bedürfnisse und Werte und auch seiner individuellen Ziele.

4. Der Kopf wird voll und überfordert, wenn man ständig versucht, alles an einer vorgefertigten

Meinung fest zu machen. Dies ist nicht möglich (siehe Punkt 3) und erschöpft.

5. Das Glückstraining ist nicht geeignet, um den Körper, Geist und die Seele abzugeben und nach ein paar Tagen oder Wochen wieder abzuholen und dann ist alles gut – für immer.

6. Das Glückstraining ist eine Entwicklung, die mal stagniert oder auch sich selbst beschleunigt und stets geübt sein will. Daraus resultiert die eigene Freiheit: Dinge selbst zu tun, zu handeln und auch loszulassen.

7. Angst ist wichtig. Denn sie zeigt dir deine Grenzen auf. Wenn du die Angst annimmst, wandelt sie sich in Verantwortung um. Du wirst dann ganz ruhig und **tust,** was zu tun ist.

8. Wenn die Angst zu groß wird und du glaubst, sie überwältigt dich, dann sprich' sie aus und nimm' gegebenenfalls professionelle Hilfe an (mit Training erfolgt dann wieder Punkt 7).

Mit der *Kopf-Sortier-Liste* geht es mir jetzt schon viel besser. Vielleicht helfen auch die Knackwürstchen, die ich fast alle alleine gegessen habe. Wenn Opa und Oma meinen Kopf sortieren, ist das alles viel einfacher danach. Die sind halt die Profis und ich bin ihnen echt dankbar. Ich habe keine Angst mehr und mein Bauch wird ganz warm bei dem Gedanken, dass ich soviel Hilfe von den beiden bekomme. Ich habe eben nix dazu gemacht, das haben alles die beiden herausgefunden. Ehrlich, ich brauchte nur erzählen einfach so drauf los. Ohne Schönsprechen und alles der Reihe nach und ohne zu Denken. Und dann haben die beiden mir noch was ganz Wichtiges gesagt, das ich mir einfach mal so merken soll, mit dem Bauch. Ich hab doch versprochen, dass ich mit dir teile ...

Also das hat Oma gesagt und der Opa hat dabei genickt. Deshalb glaube ich die meinen das hier beide und haben das schon ERFAHREN:

**Nur, was du dir wirklich mit Ausdauer, Geduld und RÜCKSCHLÄGEN erarbeitest, lernst du zu schätzen. Du gehst dabei durch Höhen und Tiefen. Dies brauchst du für deine Träume und Ziele. Die Erfolge sind toll und schön. Nun, die Rückschläge aber zeigen dir erst die Grenzen, die du erweitern darfst. Deshalb nimm' jede Herausforderung lächelnd an und bewerte sie nicht.**

**AKZEPTIERE, denn du weißt nur im Nachhinein wofür Rückschläge und Misserfolge gut sind.**

Damit wünsche ich dir auch deine Rückschläge … Hey, eigentlich sind es doch gar keine Rückschläge sondern Vorschläge, die der Himmel dir macht, damit du bald deine Träume und Ziele erreichst.

Du und ich, wir haben das vielleicht nur so anders gesehen bis jetzt! Lass' deinen Bauch mal drüber nachdenken.

## 13. Geduld ... (wie Oma)

Es dauert und dauert und dauert. Bäh, da ging ja Lesen lernen schneller. Oma sagt, ich solle mein Fahrrad ölen. Damit ich gleich los radeln kann, wenn meine Erfolge zu mir kommen. Wie so ein geölter Blitz dann.

Erst wusste ich nicht was sie meint, aber dann hat sie mir dieses afrikanische Sprichwort genannt: „Das Gras wächst nicht schneller, wenn man daran zieht."

Also soll ich in der Zwischenzeit lieber mein Fahrrad ölen und Geduld haben. Was habe ich gemacht, ich habe meinem Fahrrad eine ganze Flasche Salatöl spendiert aus Mamas Küche und ... nix! Es dauert noch immer.

Dann hat Oma mir erklärt, dass alles im Leben seine Zeit braucht. Diese könne auch ich nicht beschleunigen. Das stimmt, wenn ich mich ganz schnell mittags mit den Hausaufgaben beeile, um danach mit Laura raus zu gehen, dann guckt Mama auf die große Wanduhr und sagt, es ist noch nicht die Zeit. Du wartest noch bis drei Uhr, bevor du nach draußen zu den Leuten gehst. Alles umsonst, da habe ich mich beeilt (die blöde Uhr aber nicht) und danach muss ich warten. Und am nächsten Tag gibt's Ärger, weil ich so gehuddelt habe.

Als ich Oma dieses Beispiel erzähle, lacht sie und meint, das sei bei den Erwachsenen auch so ähnlich. Die meisten sind ungeduldig und möchten alles sofort und gleich haben. Sie überlisten die Zeit, nein, *sie versuchen*, die Zeit zu überlisten,- möchten Abkürzungen nehmen und versuchen, auch ihre Mitmenschen unter Druck zu setzen. Alles nur damit es schneller geht.

Doch Entwicklung braucht Zeit und auch hier gilt der Satz:

*Nur was du dir wirklich mit Ausdauer, Geduld und RÜCKSCHLÄGEN erarbeitest lernst du zu schätzen. Du gehst dabei durch Höhen und Tiefen. Dies brauchst du für deine Träume und Ziele. Also höre auf deine Energie für diesen Stress und Zeitdruck zu verschwenden, sondern gehe lieber in Dich, öle dein Fahrrad und habe Geduld.*

Ich kann demnach zweimal das Fahrrad ölen:

1. Eine Flasche Salatöl nehmen. wie ich das gemacht habe, und...

2. Meine Ziele, Träume, Übungen und Bewältigungsstrategien noch einmal durchlesen

(im Kopf erinnern geht bestimmt auch) und die auch **ölen**.

*Das bedeutet also ich soll aussortieren, Ecken abfeilen und abstauben im Kopf. Mir alles noch einmal in Ruhe durchdenken und durch den Bauch gehen lassen. In jede Tür meines Kopfes die Ziele und Träume reinschauen lassen, damit sie wirklich fest da drinnen sitzen. Dann auch noch in jede Zelle von meinen Körper die Ziele und Träume einpflanzen wie im Frühling im Garten. Damit alle Zellen mir in Zukunft helfen, meine Träume und Ziele umzusetzen. Das sind Millionen! Freunde, die mich unterstützen.*

Weiterhin meine Übungen machen, damit ich körperlich auch wirklich richtig fit bin wenn es los geht. Damit hätte ich genug zu tun und würde nicht ständig aufs Christkind warten, meint Oma.

*Oma sagt noch, die meisten Menschen sind nicht wirklich bereit für Ihre persönlichen Erfolge. Sie haben ihr Fahrrad nicht gut genug geölt. Wenn sie dann Erfolg haben, kriegen sie Angst – da sie nicht das nötige RÜSTZEUG haben. Dadurch schicken sie dann unbewusst einen neuen Wunsch auf die Reise und der heißt vielleicht: Oh, ich kann das ja alles gar nicht, das wird mir doch alles zu viel. Und schwupps wird der*

*Erfolg schon im Keim erstickt. Dann geht das ganze Spiel von vorne los ... wieder und wieder.*

Warum Oma mir das alles erzählt?

Ich verrate es dir:

Ich habe seit letztem Samstag die Oma dreimal angerufen und sie am Mittwoch noch mal extra besucht. Das hatten wir nämlich ausgemacht seit den Rückschlägen.

Oma sagt, es wäre für sie völlig okay wenn ich zurzeit öfter zu ihr kommen möchte. Sie unterstütze mich gerne in dieser Phase.

Und Oma hat wirklich GEDULD.

Sie hat mir das immer und immer wieder erklärt mit dem Fahrrad. Obwohl ich so viele Löcher gefragt habe wie ein Schweizer Käse hat. Nie ist sie sauer geworden oder hat gesagt, sie hätte keine Zeit. Dafür kriegt sie von mir heute auch ihr Fahrrad geölt. Es ist Samstag und da darf ich ja ganz offiziell zu Oma und Opa gehen. Mamas Salatöl nehme ich gleich mit. „Hallo Oma", rufe ich ins Küchenfenster, „ich bin wieder da. Und ich habe eine Überraschung für dich heute."

„Fein Gloria", antwortet Oma, „ich bin schon ganz gespannt. So richtig ungeduldig, was denn das für eine Überraschung sein kann."

Die nimmt mich wohl auf den Arm. Oma und ungeduldig, da lachen ja die Hühner und der Hahn gleich mit. Oma verkohlt mich wohl gerade.

Und Opa? Wo ist denn Opa? Ah, im Garten. Der schaut gerade seine Salatpflänzchen an, die er ausgesät hat vor ein paar Wochen. Vielleicht zieht der ja heimlich dran, hihi.

Achtung, jetzt mache ich mal einen Spaß mit Opa und verkohle ihn. „Opa, dein Salat wächst nicht schneller wenn du daran ziehst", rufe ich ihm lachend zu. Verwundert schaut Opa auf und erwidert: „Na, da ist heute wohl ein kleiner Scherzkeks unterwegs!" Schnell gehe ich zu Opa und umarme ihn ganz fest.

„Opa, was machst du eigentlich, wenn du ungeduldig auf deine Erfolge wartest?", frage ich ihn. Ohne zu überlegen antwortet Opa: „Ich gehe in die Natur und schaue sie mir genau an. So wie meine Salatköpfchen hier. Kannst du dieses Wunder hier sehen?" Ich schüttle den Kopf. Opa spricht weiter: *„Zuerst ist es ein Samenkorn, ganz trocken in einer Tüte. Dann lege ich es in die Erde und* *gebe Wasser dazu. Nach kurzer Zeit wird es dicker, quillt auf, und platzt. Dann fängt es an zu wachsen, es entfaltet sich und in ein paar Wochen habe ich einen Salatkopf für die ganze Familie. Ich bewundere diesen Samen, der geduldig aushält in seiner engen Hülle. Einsam ist das Samenkorn im Dunkeln und wartet Monate, und sogar Jahre, bis es etwas Erde, Sonne und Wasser bekommt. Darauf hat dieses Samenkorn seine ganze Geduld und Ausdauer ausgerichtet. Und dann lebt es in seiner Bestimmung auf* …Einfach wundervoll, findest du nicht, Gloria?"

So habe ich da noch nie gehört. Opa ist ein toller Gärtner und ein viel besserer Lehrer als Herr Thiel. Als Opa das eben so ganz genau erzählt, habe ich mich wie das Samenkorn gefühlt. *So ganz eng in einer Hülle. Und wartend, ein bisschen einsam auch, weil es so lange dauert* …*Und ich habe auch die Hoffnung gespürt! Ganz tief in meinem Bauch, merke ich, dass auch ich bald Sonne, Erde und Wasser bekomme. Dann entfalte ich mich endlich!* Mit diesen Gedanken und Gefühlen laufe ich zu Oma und frage sie nach ihrer Ungeduld: „Oma, was machst du eigentlich wenn du ungeduldig bist?"

Oma lächelt und meint dann schmunzelnd: „Kochen und backen!" „Aber das tust du doch sowieso jeden Tag, oder?" frage ich sie verwundert.

Oma erwidert: „Ja, und es ist etwas anderes, wenn ich in einer Phase der Ungeduld bin. Zum Beispiel koche ich dann eine Suppe. Dabei mache ich mir bewusst, wie ich viele unterschiedliche einzelne Zutaten in den Topf werfe und umrühre. Dann kommt noch Gemüsebrühe hinzu und Gewürze. Nun wird alles langsam und stundenlang zusammen gekocht, gerührt und abgeschmeckt. Fertig ist eine tolle, nahrhafte Suppe. Dabei ziehe ich folgende Parallele zur Geduld:

Wenn all diese Zutaten am Anfang so nebeneinander liegen, kannst du dir nicht vorstellen, dass dies in ein paar Stunden eine so leckere Suppe wird. Einzeln würden diese Dinge keinen Sinn ergeben, als Einheit schon.

*Das ist für mich wundervoll und zeigt mir: die Summe aller Dinge ist größer als die Aneinanderreihung der Einzelteile. Das Geheimnis ist Ausdauer und Geduld."*

Jetzt kriege ich Hunger auf Omas Suppen. Die Oma ist genauso ein guter Lehrer wie Opa. Wie schaffen die beiden es, dass ich mir ihre

Erzählungen gleich in Bildern vorstellen kann? Oma hat auch noch so eine schöne Stimme, wie eine Märchenerzählerin. Da könnte ich stundenlang zuhören. Vielleicht sollte ich beide einmal in die Schule einladen. Dann haben die anderen Kinder in meiner Klasse auch mal diese schönen Bilder und die Stimme von Oma.

Also ich habe jetzt auf jeden Fall GEDULD.

Und wenn ich mal wieder keine Geduld habe, dann öle ich mein Fahrrad und höre mir die Geschichten von Oma und Opa an. Und heute, also gleich nach dem Mittagessen hier, gehe ich mit Laura zum Bach. Wir spielen da so gerne.

Vielleicht kann ich ihr ja die 'Samenkornbilder' erzählen. Au ja, das mache ich, dann können wir beide ein Samenkorn sein, im Bach aufquellen und anschließend platzen.

Das wird bestimmt lustig.

*Wenn du noch nicht so viel GEDULD und AUSDAUER hast, dann öl' doch einfach mal dein Fahrrad wieder!*

Bestimmt hast du Salatöl zuhause. Und dann machst du einen **Kopf-Putztag** mit den Zielen und Träumen. Danach deine Übungen und zum Schluss spielst du auch Samenkorn. Das kannst du dir dann gleich schon in das kleine Büchlein abends eintragen. Oder du kochst eine Suppe, so wie Oma. Dann sind Geduld und Hoffnung bald wieder da:

**Ich glaub´ an dich.**

## 14. Erfolge ... (wie gute Noten)

PST, ich glaube ich hab' ERFOLGE.

Also ich erzähl mal der Reihe nach. Am Samstagnachmittag sind Laura und ich am Bach gewesen. Da haben wir zusammen die Geschichte mit dem Samenkorn gespielt. Laura war ganz dolle begeistert und hat bis zum Salatkopf mit mir mitgespielt. Danach hat sie mich gefragt, welche Übungen ich noch kenne. Hallo, verstehst du, die war richtig neugierig und hat mich ausgequetscht wie eine Zahnpasta-Tube! Es hat einen riesen Spaß gemacht, ihr noch all die anderen Übungen zu zeigen. Und dann habe ich gemerkt, dass ich selbst dabei viel mehr Spaß habe als die letzten zwei Wochen.

Raumschiff Enterprise kam nur ganz kurz mit Mister Kirk vorbei, danach war alles so ruhig, so LEER ... Das habe ich dann gleich abends genauso in mein Büchlein geschrieben. Und dann war ich am nächsten Morgen auch noch vor meinem Wecker wach.

Ich hab' gleich wieder die Übungen im Garten gemacht und mir sind dabei noch ganz viele Ziele und Träume gekommen. Und ich fühl' mich so leicht wie Popkorn oder Pusteblume. Ich **singe** sogar freiwillig. Mama meint zwar, es hört sich an, als ob ich Oskar dauernd auf den Schwanz trete, aber egal: Hauptsache ich bin GLÜCKLICH.

Mama hatte sich schon ernsthaft Sorgen gemacht, erzählte sie mir gestern Abend beim Gute-Nachtkuss. Ich war so aparty und schlecht gelaunt. Ich wollte noch nicht mal fernsehen. Nur aparty in der Ecke sitzen oder auf dem Bett liegen.

Na klar, ich habe mein Fahrrad geölt und mich strukturiert und sortiert. Aber das sage ich ihr nicht. Ich glaube, dass verstehen nur Oma und Opa, oder du oder Laura, die das Glückstraining jetzt auch machen will! Für meine Schwester, meine Eltern und alle anderen, sitze ich dann halt aparty in der Ecke. Meine Schwester hat mich sogar einmal Traumtänzer genannt, weil ich so in meinen Bauch geatmet habe, dass ich sie beim Spülen und Abtrocknen in der Küche mittags angerempelt habe. Dabei habe ich trainiert!

So, jetzt gehe ich zur Oma und erzähle ihr und Opa von meinen ERFOLGEN.

Es ist nämlich ... genau: Samstag!

„Ah, die Gloria" sagt Oma beim Tür öffnen, „na, du siehst so strahlend aus, hast du uns was

Schönes zu berichten?" Wie blöd, die merkt auch alles, die Oma. Na, egal, ich erzähl' trotzdem.

Also leg ich los: „Es ist supi, alles macht Spaß und die Laura macht mit."

Das war die Kurzfassung, jetzt kommt die längere Ausführung:

„Also", fang ich noch einmal an, „Seit letztem Samstagnachmittag habe ich ERFOLG. Mit Laura mache ich das Samenkornspiel jetzt fast jeden Tag, zu meinen Übungen dazu. Das macht unglaublich viel Spaß. Mein Büchlein ist schon fast voll voller Erfolge und ich bin morgens nicht mehr müde und wache sogar vor meinem Wecker auf. Na, was sagste jetzt?"

„Herzlichen Glückwunsch", sagt Opa, der gerade aus dem Bad kommt, „ich glaube der größte Meilenstein ist bei dir nun gelegt. Jetzt brauchst du nur noch Übung! Ist das nicht ein Grund zum Feiern?" Oma schaut mich an und nickt mir zu.

„Ja, heute feiern wir deinen Erfolg. Das wird jetzt erst einmal so richtig belohnt. Für diesen erklommenen Berg brauchst du eine Belohnung der Extraklasse.." meint Oma geheimnisvoll. Und dann steigen wir alle ins Auto und gehen

Frühstücken in ein Restaurant. Dort darf ich mir mein Frühstück selbst aussuchen. Ich hab einfach einen Eisbecher genommen, mit Smarties drauf und ganz viel Sahne. Egal, Mama sieht es ja nicht – und Oma und Opa stehen unter meiner Schweigepflicht – so steht es im Vertrag, hihi.

Beim Frühstücken haben wir uns noch viel über Glückstraining, Erfolge, Ziele und vor allem meinem Lieblingsthema (naja) Ausdauer und Geduld unterhalten. Beide, Oma und Opa freuen sich mit mir von Herzen. Sie gönnen mir meinen Erfolg und wünschen mir ab jetzt weniger RÜCKSCHLÄGE einholen. Die meinen wohl die **Vorschläge** vom Himmel, hihi.

*Dabei sagt Oma so etwas wie: wer fliegen will, sollte das Landen als erstes lernen. Übersetzt heißt das wohl: wer Erfolg will, braucht erst eine Landebahn aus Rückschlägen, Ausdauer und Geduld. Und dann muss er oder sie ja auch noch das Ziel eingeben, sonst weiß der Flieger nicht wohin.*

Natürlich müssen alle Erfolge dann noch ins Bordbuch eingetragen werden, sonst weiß man ja nicht mehr wo man so alles schon gewesen ist.

Beide, Oma und Opa geben mir noch eine Menge Tipps:

1. Erfolg ist das Prinzessinnenkrönchen das du dir jedes Mal aufsetzen solltest, wenn du einen Traum in ein Ziel verwandelt hast und dies erreichst. Und dann wird gefeiert, dass die Wände wackeln.

2. Das Feiern ist sehr wichtig, damit ich mein erreichtes Ziel auch wirklich bewusst erlebe und nicht unter die Kategorie „normal" weg sortiere. Das Feiern ist so wichtig wie das gute Ende einer Geschichte. Alles löst sich im Guten auf.

3. Die eigene Anerkennung wäre wie eine Party mit mir selbst. Diese eigene Anerkennung und das eigene Lob ist wichtig. Nur ich wüsste schließlich wie anstrengend mein Ziel war. Deshalb könnte auch nur ich selbst mir die notwendige Anerkennung dafür geben. Erst dann kämen die anderen Gratulanten.

4. Dann ist das Ausruhen und Reflektieren wichtig. In der Ruhe kriege ich meine Kraft und noch ein bisschen mehr wieder zurück. Und in dieser Ruhe lasse ich dann auch wirklich alles noch einmal los und mache mich 'leer'! das soll ich mit meinen gewohnten Übungen machen. Durch das Reflektieren verbessere ich mich für die zukünftigen Herausforderungen.

5. Die Leere und das Ausruhen sind notwendig, um wieder neue Träume und Ziele zu mir zu holen: denn nur ein leerer Becher kann gefüllt werden.

6. Und dann würde sich das ganze Procedere wiederholen. Wieder mit allen Höhen und Tiefen, vielleicht in anderer Reihenfolge und Gewichtspunkten ...

Na toll, jetzt ist mir doch ein wenig schlecht geworden. Das kommt alles wieder? Echt? Jedes Mal? Wenn auch mehr oder weniger schlimm?

**Will ich das wirklich?**

**Jaaaaa, ruft mein Bauch! Du willst diesen ganzen Spaß ERLEBEN, denn es macht bestimmt Laune und ist spannender als jeder Krimi.**

**Lass´ dir auf keinen Fall so ein tolles Leben mit ganz viel Abwechslung und vor allem Glück entgehen....**

*... und damit fängt nun wirklich das Glückstraining an ....*

## 15. Üben, üben, üben ... (wie Schule)

Oma und Opa geben mir noch viele DENKIDEEN zum Üben. Die will ich dir auch gerne geben. Vielleicht kannst du ja mal das Eine oder Andere gebrauchen.

Ich hab´ mal wieder eine Liste für dich gemacht. Opa sagt dazu **TODO Liste**. Der schreibt solche Zettel ganz oft, darauf steht dann: was, wann, wie und wer gemacht haben soll. „To Do" sieht so ähnlich wie der Zielezettel aus - nur stehen hier nicht so tolle Wunschsachen wie auf meiner geheimen ZIELE-Liste. Vielleicht sollte der Opa mal in **mein** GLÜCKSTRAINING kommen ☺

**Jetzt erst mal die To Do Liste fürs Üben:**

1. Üben ist wie eine Leseübung oder die Rechenschlangen in der Schule. Das ist wichtig. Am besten machst du deine Übungen jeden Tag, dann kannst du dich im Laufe der Zeit immer besser konzentrieren auf das, was du gerade tust. *Oma sagt, das bedeutet, im HIER und JETZT leben und zufriedener zu werden mit dem, was ich gerade mache.*

*Ist jetzt, wo ich mehr Geduld kriege, bestimmt leichter für mich. Diese Aufgabe hat mir die Tante im Kindergarten schon immer gesagt. Erst eins fertig machen, dann alles wegräumen und danach das nächste aus dem Regal holen.*

2. Üben und immer wieder Neues dazu lernen ist das Doping für unser Gehirn, sagt Opa. Das gibt ganz viel positive Energie. Der Geist sollte ständig neugierig sein, dadurch bleibt er flexibel und trainiert dauerhaft weiter. So ähnlich wie bei den Bundesjugendspielen. Wer trainiert und übt kriegt gleich bessere Punktzahlen und damit eine Ehrenurkunde.

*Also ab sofort werde ich wirklich jeden Tag für meinen Dobermann im Gehirn was tun. Schließlich will ich ja glücklicher werden. Jeden Tag ein Stückchen mehr ...*

3. Rückschläge sind wichtig. Darauf weist Oma noch mal ganz besonders hin. Meist kommen nach den Rückschlägen die Erfolge mit einem großen `Hupf` zu mir, sei ihre Erfahrung aus der Praxis. ***Das ist so als ob der Himmel und das gesamte Universum mich noch einmal prüfen möchte, ob ich eine Sache wirklich, wirklich will. Wenn ich diese Phase durchhalte und mich nicht ablenken***

*ließe, dann würde die nächste Energiestufe auf mich warten.*

*Okay, das wiederhole ich hier an der Stelle einmal, denn das ist wichtig für mich. Im Klartext heißt das für mich: Ich will etwas erreichen. Ich mache meine Übungen und konzentriere mich auf mein Ziel. Dann brauche ich Ausdauer und Geduld und weitere Konzentration auf dieses Ziel. Ich warte und warte ...*

*Dann können Rückschläge kommen (wie das bei mir ja auch schon vorkam) ...*

*Das ist das Knackwürstchen dabei, jetzt bloß nicht aufgeben! Aber gleichzeitig den Geist offen und neugierig halten für andere Wege zu meinem Ziel (das ist die Prüfung).*

*Fahrrad ölen, weiter üben und Geduld haben,* **vertrauen** *...*

*Und dann, irgendwann, geht's los. Wie wenn man einen Staudamm am Bach löst und das Wasser endlich wieder abfließen kann.*

4. Opa sagt, ich kann mir jederzeit professionelle Hilfe holen. Es findet sich immer ein passender Wegbegleiter, wenn ich die Augen offen halte. Dieser vermittelt mir Hoffnung, Kraft und Energie falls ich mal wieder hänge. Das soll ich mir merken. Es wäre überhaupt kein Drama. *Ich bin*

*dann kein Versager, weil ich nicht alles alleine schaffe. Nein, im Gegenteil, es ist ein Zeichen der Weisheit und Stärke mit Profis zu arbeiten. Denn damit lerne ich umso schneller mir die mentalen Strategien für meine persönliche Entwicklung anzueignen. Kein Mensch kann alles wissen und können.* Oma sagt dazu lachend, sie besucht ja schließlich auch einen Frisör und schneidet sich ihre Haare nicht selbst. Und Opa bringt immer sein Auto zu Herrn Metz in die Werkstatt. Und in ein schönes Restaurant gehen sie auch beide gerne essen, obwohl Oma gut kochen kann.

*Laura schreibt auch von mir öfter mal Mathe ab. Ich dafür habe nicht so viele Streiche im Kopf und hole mir manchmal gerne einen von Lauras Streichen ab.*

5. **Erfolge und Rückschläge gehören zusammen wie Tag und Nacht.** *Das eine hängt mit dem anderen zusammen. Nur welche Auswirkungen diese Dinge im Leben auf meine Seele, meinen Geist und auch meinen Körper haben, das entscheide ich.* Bewusst oder unbewusst, meint Oma. Meine Stärke und Persönlichkeit wachsen daraus hervor, wie ich in Zukunft mit Erfolg und Rückschlägen umgehe. Wütend oder traurig sein, gehört nun mal zum Leben. Danach soll ich das akzeptieren was nun

mal ist und wieder meinen Kopf in Richtung Glück drehen.

*Die Erfolge tagsüber und die Rückschläge nachts wäre schon okay. Dann könnte ich jeden Tag Erfolge feiern und nachts im Schlaf die Rückschläge verschlafen. Das erscheint mir sinnvoll, ich versuch´s auf jeden Fall mal damit. Vielleicht klappt´s ja …*

Ich weiß ja nicht wie es dir jetzt geht? Ich habe jetzt eine dicke Bedienungsanleitung in der Hand …

Hoffentlich kann ich mir das alles merken. Ach egal, darüber möchte ich gar nicht nachdenken. Falls ich was vergesse, frage ich einfach wieder Oma und Opa um Nachhilfe. Es hat mir großen Spaß gemacht, mit den beiden jede Woche zusammenzusitzen und zu üben.

Ich bin sehr dankbar für all diese Ideen und Möglichkeiten. Viel Stoff war das in den letzten Wochen. Nun möchte ich vieles davon umsetzen und mein Leben bereichern.

Als Abschluss dieses tollen letzten Samstags hat Oma noch die Idee: Ich solle ihr bald einmal von meinen kommenden Erlebnissen erzählen. Ihr Geist sei schließlich neugierig auf mein „neues Leben"…

## 16. Glückstage

Jetzt sind 2 Monate schon vorbei und ich habe viel geübt. Es ist nicht immer einfach, sich dafür jeden Tag zu motivieren. Manchmal lasse ich es auch wirklich ausfallen. Das ist dann ein ganz besonderer Tag für mich. Da hab ich nicht verschlafen oder keine Lust gehabt und mich verkrümelt und Ausreden gefunden.

Nein ich habe mich hingesetzt und ganz bewusst entschieden: heute mache ich blau vom Üben – ohne schlechtes Gewissen zu haben. Am nächsten Tag habe ich einfach wieder weitergemacht, als ob nichts gewesen wäre.

Mein kleines Büchlein mit den Erfolgen ist voll. Mittlerweile habe ich ein zweites angefangen. Es stehen ganz viele große und kleine Sachen da drin. Oft kritzel' ich abends unleserlich etwas hinein. Egal, es ist ja nur für meine Augen gedacht.

Einige Übungen hat mir Opa gezeigt und ein paar andere machen wir seit neuestem sogar in der Schule jetzt. Die machen wir auch manchmal im Unterricht, so mittendrin. Das gibt neue Kraft, wie an eine Tankstelle – **Kraftstoff**- ...

Mit Laura stelle ich immer noch ziemlich viel an. Jetzt hab sogar ich einige Streiche in meinen

Kopf. Das hat mir alles das Glückstraining gebracht, hihi.

Auch diese Streiche kommen in mein kleines Büchlein abends. Das sind doch auch Erfolge, oder?

Ich habe keine Angst mehr vor Herrn Steb. Okay, mein Glückstein ist stets dabei, wenn ich Wurst hole. Manchmal unterhalte ich mich sogar ganz nett mit ihm, so schlimm ist der gar nicht mehr. Gestern habe ich sogar ein Knackwürstchen geschenkt bekommen. Na also, geht doch!

Frau Wiebe und Julia bringe ich oft zum Lachen, mit lustigen Geschichten aus der Schule. Ich finde es schön, die beiden lachen zu hören. Das macht mich glücklich und die beiden auch.

Mama helfe ich, mit meiner Schwester zusammen, in der Küche am Wochenende. Wir lernen kochen und backen.

Und Oma und Opa?

Die liebe ich ganz besonders seit dem Glückstraining. Ich bin froh über all ihre Ideen mit diesen mentalen Strategien und dass sie mir das erzählt und vermittelt haben. Wenn die beiden richtig alt sind, werde ich ihnen bestimmt auch helfen und vielleicht öfter mal ein Buch vorlesen. Und zum Schluss wir beide, **du** und **ich**....

Meine Ziele kommen und gehen. Wenn ich ein Ziel erreicht habe, dann wird gefeiert und ich belohne mich mit Eis oder Gummitieren, zurzeit!

Einfach mal faul sein und mit Laura Streiche machen ... sicherlich wird sich das ändern, wenn ich jetzt größer und weiser werde. Ich bin gespannt, welche Belohnungen mir noch so in Zukunft einfallen werden.

Nach dem Feiern gibt es neue Ziele, die ich natürlich auch erreichen will. Manchmal ist das echt schwer und ich fühle mich, wie in einem selbst gegrabenen Loch feststecken.

Doch Opa hat recht mit seinen Übungen. Bei mir sind noch andere dazu gekommen, als Opa mir am Anfang gezeigt hat. Ich übe stets weiter.

Und Oma mit ihrer wahnsinnigen Geduld und Ausdauer hat auch Recht:

Rückschläge kommen wie die Nacht und sie vergehen wieder am Tag. Auf jeden Fall bin ich glücklicher als vor 8 Wochen, wo mein Kopf noch so rauchte und ich aufgeben wollte. Es gibt sicherlich noch viel zu lernen für mich als Anfänger-Experte und ich freue mich drauf: *Mein*

*Geist wird neugieriger.* Und wenn er es mal wieder nicht ist, so weiß ich immer mehr, welche das richtige Werkzeug in meinem Köfferchen dafür sorgt.

**Ich will weiter glücklich werden, bis zum Himmel und zurück!** Und ich hoffe du auch!

Gerne möchte ich dir ein bisschen Glück von mir abgeben – doch es geht nicht.

*Du kannst dir dein persönliches Glück nur selbst abholen aus dem Himmel. Jeder von uns hier auf der Erde kann das – er braucht es nur tun.*

Ich verstehe und kann gut nachvollziehen wie schwierig das oft ist. Und: Es lohnt sich, auszuruhen, Kraft zu sammeln und immer wieder aufzustehen und weiterzumachen – auch wenn es noch so schwer fällt.

**Ich wünsche dir diese Kraft von Herzen!**

*Möge auch bei dir die Hoffnung gesät sein, das Glück am Ende zu finden. Bleib´ einfach nur auf dem Weg des Glücksexperten zu sein, mehr brauchst du nicht tun. Hoffentlich erfährst du die atemberaubende Harmonie der Glücksmomente in dir. Und … möge das gesamte Universum dir die passenden 51% dazu schicken: deine Glücksmomente zu erleben!*

**... trau dich, du schaffst es...**
**Ich glaube an dich, ganz fest,**

Deine Gloria

## 17. Nachwort

*Mein Ziel war nach 4 Jahren Rumoren im Bauch endlich klar. Es hat halt seine Zeit gedauert bis sich dieses Buch seinen Weg gesucht hat.*

*Ich wusste jahrelang was ich NICHT wollte – ein weiteres Sachbuch schreiben. Dies schrieben so viele Kolleginnen und Kollegen schon so gut. Und es wird sicherlich noch mehr davon geben …*

*Ein reiner Roman? Ich glaube, da gibt es bessere Schreiber als mich. Eine Kombination aus Sach- und Spaßbuch, das hat mich gereizt.*

*Dazu ein Basiswissen über GLÜCK auf leichter ´Badewanne Lektüren Ebene´ so sollte die Geschichte sein. Ich wollte ein wenig kitzeln, ein bisschen provozieren, Spaß vermitteln, unterschiedliche Sichtweisen darstellen und einen Lerneffekt für den Leser herausarbeiten.*

*„Im besten Falle sind Sie jetzt neugierig auf noch mehr…GLÜCK!"*

*Und an einem Wochenende im Frühjahr 2012 war dann alles ganz klar.*

*„Ich musste es nur noch aufschreiben, die Geschichte war schon da." (frei nach Mozart …)*

*Mit diesem Ziel vor Augen war jetzt endlich das nötige Ventil da. Nun sollte ich noch dazu sagen, ich bin leidenschaftlicher Anhänger verschiedener Entspannungsübungen – diese halfen mir über 4 Jahre Warten hinweg.*

*Ein Großteil meiner bisherigen Erfolge ist diesen Übungen und Methoden zuzuschreiben. Glücklicherweise habe ich die Erfahrung machen dürfen, welchen Erfolg, Ziele und Träume, gepaart mit Ausdauer und Geduld bringen. Wichtig ist dabei nur zu wissen wie die eigene Motivation funktioniert.*

*Mit stillem Qi Gong und Bewegung finde ich meine Kraft. Und ich habe das gesamte Universum um Unterstützung gebeten. Denn wenn ich wirklich ein Buch schreiben sollte, dann müsste es aus meinen Fingern fließen. Ohne Verkrampfung und mit Lustfaktor zum Lesen* ☺

*Meine 49 % habe ich dafür täglich in meinen Übungen gemacht ...*

*In dieser Zeit fiel auch **mir** es schwer mein Erfolgstagebuch zu führen. Die Ausdauer ließ mich auch ab und zu im Stich und meine Geduld war so herunter gefahren, das ich ein anderes Wörtchen mit „G" hatte*

*– GEREIZT.*

*Jetzt am Ende dieses Buches bleibt mir lediglich zu sagen:*

**Ich bin dankbar für die Kraft, Stärke und diese Ausdauer in den letzten Monaten.**

*Es war schwer, es wurde schwerer und ich hatte das Gefühl all die Phasen wie Gloria (wieder einmal) zu durchleben.*

*Vielleicht war das ja genauso notwendig für dieses Buch!?*

**Für irgendetwas war es gut, genau so!**

*Ich danke all den Menschen, die mir in unterschiedlicher Weise Unterstützung geben. Ohne sie wäre meine Arbeit nicht denkbar. An dieser Stelle noch einmal ein dickes* **DANKESCHÖN** *an alle.*

*Zum Abschluss möchte ich noch eines bemerken:*

*Wir Menschen verstehen nicht nur mit `Ratio` was gemeint ist. Es gibt verschiedene Sinne, um zu ERFAHREN. Also mit dem Gefühl zuhören.*

*Es gibt mittlerweile Studien darüber, dass es mehr als 5 Sinne gibt und wir diese auch unterschiedlich sensibilisieren können.*

*All diese Forschung steckt allerdings alles noch in den ´Kinderschuhen´ – wir dürfen gespannt sein was bei der Forschung noch herauskommt.*

*Eines ist jedenfalls schon gefunden:*

*Über entdeckendes Erfahren zu lernen, wie unsere Kinder das tun, ist leichter und einprägsamer. Und vor allem bedeutungsvoller ... (das allerdings ist meine persönliche Meinung).*

**Gloria sagt Ihnen dazu: „Auch wenn du Angst hast – mach's trotzdem."**

*Gloria hat Ihnen das Beste gegeben was sie konnte.*

*Sie hat SIE, lieber Leser, an ihren Gefühlen und Erfahrungen teilhaben lassen. Ihre Bedenken, ihre Ängste und vor allem ihren Zwiespalt konnten Sie ein Stück begleiten und sich vielleicht ab und zu wiedererkennen.*

*Nun ist es Zeit eigene Erfahrungen zu sammeln.*

*„Leben ist lernen" lehrte schon Buddha.*

*An dieser Stelle lassen Gloria, und ich, Sie, erst einmal los.*

*Wir beide wünschen Ihnen eine gute, erfolgreiche und vor allem glückliche Zeit.*

*Ihre PSP*

Das Glück weitergeben:

*Jedes gekaufte Buch unterstützt bildungsarme Kinder in verschiedenen Projekten. Es trägt dazu bei, Bücher und Lesematerial in die Teile der Welt zu bringen, die oft vergessen werden (Prinzip von Luis Soriano, Biblioburro/Kolumbien).*

# 18. Literatur und Informationen (von Oma )

Es gibt viele Herangehensweisen zum Thema: GLÜCK und GLÜCKLICHER WERDEN, und es gibt dabei kein richtig oder falsch.

Jeder Mensch ist unterschiedlich, so auch sein Trainer, Coach, Wegbegleiter und der persönliche Ansatz.

Für Ihre ersten Gedanken dazu möchte ich Ihnen gerne eine kleine Hilfestellung anbieten:

**1. Kopf – Sortierliste:**

Überlegen Sie zunächst was Sie individuell erreichen möchten (so wie Gloria). Manchmal ist es einfach gut, sich noch einen weiteren Kopf zu borgen. Das geht mit Hilfe eines Schmierpapiers, wo Sie einfach einmal wahllos die Dinge aufschreiben, die Sie noch in Ihrem Leben erreichen möchten, die Dinge, die **Sie** persönlich zurzeit stören , also verändern möchten und das, was Sie gerne in Zukunft mehr in **Ihr** Leben rücken möchten.

Kurz gesagt: den ganzen Wirrwarr im Kopf, der uns so gerne Energie raubt und erstarren lässt, schreiben Sie nun einmal auf Papier. Lassen Sie dabei all Ihre Stimmen zu Wort kommen – es lohnt sich. Achtung: es kann schon ein wenig dauern (Tage, Wochen, vielleicht sogar Monate).

Sie können dies natürlich auch einem Freund oder einem ausgebildeten Coach erzählen und dann gemeinsam sortieren.

Vorteil: Sie erhalten schon direkt eine andere Sichtweise für Ihre Herausforderungen (zumindest der Coach sollte Sie darin unterstützen, neue positive Ansätze in Betracht zu ziehen). Bedenken Sie bei einem Freund, dass ein guter Freund auch Kritik üben darf (dies sollte die Freundschaft überleben).

**2. King Kong (Qi Gong):**

Ihnen einen Tipp dafür zu geben ist äußerst schwierig. Qi Gong ist **eine** Möglichkeit Achtsamkeit zu erlernen. Es gibt noch viele andere Wege zu mehr Geduld und Achtsamkeit.

Jeder hat so seine Vorlieben dabei. Qi Gong kann eine gute Kombination aus bewegten und stillen Übungen sein.

1. Möglichkeit: Erlernen Sie es bei einem Privatlehrer, der Ihnen individuell Hilfestellung gibt – ganz auf Ihre Bedürfnisse zugeschnitten.

Das Übungstempo und Intervall bestimmen am besten Sie dabei.

2. Möglichkeit: Erlernen Sie Qi Gong in einer Gruppe (6-10 Wochen) und gehen Sie dann auf die Suche nach Ihrem persönlichen Weg – begleitend dazu immer mal wieder einen Workshop, oder ein Seminar zur Weiterentwicklung, besuchen.

Aus meinem Erfahrungsschatz gesprochen:

*Am Anfang ist es für uns Europäer sehr schwer still sitzen und einfach nur zu atmen – nichts zu tun!* Machen Sie es sich etwas leichter und ´fahren´ Sie vorher Ihr Adrenalin herunter. Wie? Vorher Joggen, Walken, Radfahren, Kickboxen, Aerobic, Fitness, ... irgendein Ventil fällt Ihnen doch sicher dazu ein. Als Belohnung gehen Sie dann in die Qi Gong Stunde und verknoten sich☺. Mit Geduld können auch Sie bald Captain Kirk und die gesamte Mannschaft loslassen.

### 3. Atemübung:

Einfach mal seine eigene ´Besessenheit´ loslassen und nicht im Terminplaner von morgen leben. Ein paar Stunden im AUGENBLICK zu verbringen, ohne zu bewerten, ohne die Zeit zu hetzen, ohne etwas TUN. (Anmerkung: Sie tun dabei sehr viel. Es ist richtig Arbeit nichts zu tun -

lediglich die Besessenheit des MÜSSENS lässt nach).

**Die Übung dazu:**

Setzen Sie sich hin (auf einen Stuhl oder auf dem Boden im Schneidersitz), den Rücken gerade, nicht angelehnt und atmen Sie einfach an einen Punkt hin (ein und aus), der 4fingerbreit unter dem Bauchnabel liegt. Zählen Sie bei jeder Atmung von 10 eins runter, bis Sie bei eins angelangt sind und fangen dann wieder bei 10 an. Für den Anfang 3x ...

Achtung:

Falls Sie merken, dass Ihre Konzentration abgelenkt ist vom Zählen und Atmen an diesem Punkt unterhalb des Bauchnabels, fangen Sie bitte wieder von ganz vorne an ... viel Erfolg.

Diese Übung verhilft Ihnen zu mehr Konzentration bei der Arbeit, da die Gedanken bewusst gelenkt werden ... und es wird mit zunehmender Übung einfacher!

Hören Sie sich auch bei Freunden, Nachbarn und Verwandten um. Sie werden erstaunt sein wie viele Menschen schon einmal etwas im Bereich Coaching und Training gemacht haben oder dies zu tun erwägen. Vielleicht haben diese Personen auch Gloria gelesen und Sie alle können Sich gegenseitig motivieren oder wie im Buch Gloria: Einen gemeinschaftlichen Austausch aktivieren.

Ich hoffe, diese Badewanne Lektüre regt Sie an und macht Ihren Geist neugierig auf mehr … also eine richtig große Lust auf Veränderungen.

Natürlich freue ich mich dabei gerne mit Ihnen. Denn auch ich bin ein Mensch der Freude und werde durch sinnhaftes Handeln angespornt zum Weitermachen.

Zum Thema Literatur gibt es nicht viel zu sagen.

Nehmen Sie einfach das Buch in die Hand, welches Sie persönlich und aus dem Bauch heraus anspricht. Meist reicht es schon, den Klappentext zu lesen.

Stöbern Sie doch einmal wieder real in einer Buchhandlung und nehmen Sie die Bücher persönlich in die Hand: Wie liegen sie in Ihrer Hand? Wie fühlen sie sich an? Welche Farbe des Einbands spricht Sie persönlich an?

Oder organisieren Sie selbst einmal eine Lesung an einem besonders schönen Ort – vielleicht bei einem Picknick! Irgendwie hören wir uns doch alle noch gerne Geschichten – wie früher - an

Hören Sie sich schöne, leichte Literatur und Geschichten an und lauschen Sie dabei mit allen Sinnen. Das macht Spaß und lässt den Geist auftanken. Ihre Seele wird es Ihnen bestimmt danken.

In Planung sind derzeit weitere ´Bade Lektüren´, Bücher, ein Blog, Glückstreffs und Glückstage. Vielleicht besuchen Sie ja auch einmal ein reales Glückstraining….

Bei Interesse (oder einfach nur zum Stöbern) freuen wir uns auf Ihren Besuch:

www.PSP-Coaching.de

www.Leben-mit-Freude.com


oder unseren ´Glücksort´…

www.GenussScheune.de


- Wir freuen uns auf Ihren Besuch

Bis bald,

OMA alias PSP

Abschließender Hinweis:

Ein Teil des Erlöses aus diesem Buch wird bildungsarmen Kindern in Not zu gute kommen.

***Ihr Platz für eigene Notizen, Ziele und Träume:***